목사가 감동한 그 때 그 장로

고 훈 목사 외 48인

한국문서선교회

책을 여는 시

장로의 찬양

고 훈 목사 (시인)

사람들에게 혹 보잘것없는 소리로
들릴지 몰라도
우리의 찬양은
감격으로 부르는 목숨입니다

사람들에게 혹 어설픈 모습으로
보일지 몰라도
우리의 찬양은
남은 생애 빚어 드리는 봉헌입니다

여기까지 온 것은
주님의 은혜
찬양하며 살아가게 하심은
주님의 특별한 은혜

우리도 실패하고 절망한 적 있었습니다
우리도 병들어 괴로운 적 있었습니다
우리도 죄짓고 방황한 적 있었습니다
그러나
지금은 아닙니다
우리가 침묵하면
가슴 터질 것 같고
우리가 잠잠하면
길거리의 돌들이 소리칠 것이기에
우리는 백발 날리며 이렇게 찬양이 되었습니다

찬양은
파도와 산맥 국경과 인종을 넘어
호흡이 있는 곳이면 땅 끝까지라도 찾아가는
복음이며 선교입니다

오늘은
이 모든 영광을
우리 입술로 우리 가슴으로
모두가 하나 되어
주님께 드려 세계의 평화가 되겠습니다

-집필자를 대표하여-

차례

― 집필자 가나다 순 ―

고 훈 목사 (안산제일교회)
* "위암 수술비로 교회 천장 수리하라"는
  명동산 장로님 / 13
* 허물은 덮고, 칭찬은 드러내시는 김일귀 장로님 / 15
* 아내 사랑에 극진한 박두상 장로님 / 19
* 간이식으로 보상받은 윤옥철 장로님 / 21
* 새벽기도로 9남매를 키운 김응선 장로님 / 23

김광식 원로목사 (인천제삼교회)
* 주일에 소도 쉬게 한 부친 / 25
* 6·25때 어린 생명을 구한 흑인 장로님 / 28
* 적군파 학생을 은닉한 목사를 변호한 장로님 / 31

김기수 원로목사 (안동교회)
* 아낌없이 베푸시는 정창근 장로님 / 34

김동호 목사 (높은뜻 숭의교회)
* 연보든 말이든 둘 중 하나만 해야 한다는
  김익명 장로님 / 36

김선태 목사 (실로암안과병원 원장)
* 선한 사마리아인 같은 안재국 장로님 / 41

김순권 목사 (경천교회)
* 양봉 전도사 감동시킨 유한식 장로님 / 44
* '스펀지목회'를 일깨운 엄기주 장로님 / 47

김중은 목사 (장로회신학대학교 총장)
* 퇴근 때마다 교회당에서 기도하신 지명철 장로님 / 51

김창근 목사 (무학교회)
* 내가 존경하는 이규현 원로장로님 / 55

김태복 목사 (홍익교회)
* 후덕함으로 목회를 도와주신 김동희 장로님 / 59

김형진 목사 (문화교회)
* 나의 두 번째 아버지, 나석호 장로님 / 63

노정선 목사 (연세대학교 교수)
* 노방전도 설교자 노재헌 장로님 / 67

류기열 목사 (유성교회)
* 느티나무같이 큰 그늘 김학진 장로님 / 71

박수진 목사 (꿈꾸는 교회)
* 한국 초유의 전도왕 권경식 장로님 (3170명 전도) / 77

박승은 은퇴목사 (동숭교회)
* 교회를 건축하고 봉헌한 후엔 그 교회를 떠나시는
  유경화 장로님 / *83*
* 언제나 교회 건축에 앞장서는 최근용 장로님 / *86*
* 개척교회 100곳에 신축 벽돌을 헌납한 김익덕 장로님/ *89*
* 기회를 만들어가며 봉사하는 김건철 장로님 / *92*

박위근 목사 (염천교회)
* 목회자를 보호하기 위해 비난의 화살도 감수하시는
  계준혁 장로님 / *95*

방지일 원로목사 (영등포교회)
* 젊은이들 앞에서 눈물로 회개하신 곽노철 장로님 / *102*
* 성경공부를 활성화시키신 김사익 장로님 / *105*
* 주의 일에 너그러운 장봉준 장로님 / *107*
* 늘 목사님을 먼저 챙기시는 이의화 장로님 / *109*
* '방예수'의 별호를 가지신 방만준 영수 / *111*

소의수 목사 (금성교회)
* 마음을 시원케 하는 일꾼 박충욱 장로님 / *114*

손승원 은퇴목사 (울산제일교회)
* 사랑의 말로 목회에 큰 활력소를 주신 김종훈 장로님 / *117*

신인현 원로목사 (임마누엘교회)
* 삭개오 닮은 신균섭 장로님 / *121*

안만호 목사 (새광염교회)
* 내 신앙의 스승, 박영철 장로님 / 124
* 어려운 시골교회를 충성스럽게 섬기시는
  장춘호 장로님 / 127

오성춘 목사 (광장교회)
* 헌신과 기도의 사람, 강재복 장로님 / 131

오윤표 목사 (서초동교회)
* 봉사하기 위해 태어나신 분, 이상현 장로님 / 135
* 있는 힘 다해 사랑을 실천한 신광식 장로님 / 138

오창학 목사 (신촌교회)
* 아낌없이 드리는 최창근 장로님 / 141
* 부르심에 응답하는 정의승 장로님 / 144
* 언제나 "예(Yes)" 하는 강하윤 장로님 / 150

유관지 목사 (목양교회)
* "내가 십자가를 져야지요." 건축위원장을 자청한
  김광회 장로님 / 153
* 무교회주의자 남편을 경건 챔피언으로 바꾼 최연순 장로님 / 156

이건영 목사 (인천제이교회)
* 소명감 넘치는 영원한 '이슬비 청년' 여운학 장로님 / 159

이광선 목사 (신일교회)
* 복음과 조국을 위해 목숨까지도 내놓으신 김성은 장로님 / 165

이수영 목사 (새문안교회)
* 담임목사의 말을 두말없이 받아들이시는 김양제 장로님 / **168**

이용남 목사 (장석교회)
* "목사와 함께 잘못되자"며 목사를 감싸주신
  김정렬 장로님 / **171**

이용호 목사 (영천교회)
* 기도에 열정적인 송주섭 장로님 / **173**
* 목회의 동역자이신 박종탁 장로님 / **176**
* 바나바 같은 손영수 장로님 / **179**

이응삼 목사 (순교자기념사업회)
* 하나님 중심의 삶을 사시는 성희구 장로님 / **182**
* 쌀독을 열기까지 사랑을 실천한 황종원 장로님 / **187**

이정일 원로목사 (광장교회)
* 의인의 자손이 받는 복을 누리는 김건철 장로님 / **191**

이종무 원로목사 (산돌교회)
* 성결교단 발전에 공을 세운 평신도 지도자 홍기득 장로님 / **195**
* 남전도회 창립자 김원철 장로님 / **199**
* 문서운동가 최영택 장로님 / **203**
* 애국운동과 평신도운동의 선구자 윤판석 장로님 / **207**

이종성 목사 (한국기독교학술원 원장)
* 장신대 발전기금으로 땅 30여 만 평을
  흔쾌히 기증한 신용우 장로님 / **213**

이진우 목사(창성교회)
* 하나님에 목말랐던 사람, 이종철 장로님 / 218

이철신 목사(영락교회)
* 목사에게 협력하고자 목숨까지 내놓으신 김덕영 장로님 / 222

이화영 목사(금호교회)
* 기도하실 때마다 눈물 흘리시는 울보 장로님 / 226

이효은 목사(화정충현교회)
* 20세기의 엘리야 이복량 장로님 / 230
* 주일성수를 위해 용기 있는 결단을 하신 이복량 장로님 / 233
* 이복량 장로님의 새벽기도 70년, 자녀 손 위한 축복기도 / 236
* 신선한 충격을 준 숭실대학교 총장 이효계 장로님 / 239

임성빈 목사(장로회신학대학교 교수)
* 청교도적 신앙으로 교회를 섬긴 임치재 장로님 / 242

임종헌 원로목사(구파발교회)
* 목사 대신 경찰서를 찾아간 황성필 장로님 / 246

장달윤 목사(무궁교회)
* 성자처럼 천사처럼 칭송받으신 김용쾌 장로님 / 249
* 허물을 덮어 주신 덕장 장로님 / 251

장동민 목사(백석대학교 교수)
* 목회자에게 불편 주지 않으려고
  모든 불평 떠안으시는 홍석돈 장로님 / 254

장차남 목사 (온천제일교회)
* 정필로 장로님의 건축헌금 / 258

조건회 목사 (예능교회)
* 젊은이들에게 비전을 심어 주신 유흥직 장로님 / 262

한명수 원로목사 (창훈대교회)
* 김성묵 장로님 같은 분이 이 세상 어디에 또 있을까? / 264

한성언 목사 (목동중앙교회)
* 회개의 눈물로 교회를 부흥시킨 송요달 장로님 / 271
* '누가 참 신인가'의 갈멜산 대결로
  전도하신 김진교 장로님 / 274
* 개척교회의 어려움을 도우신 최도우 장로님 / 277

허남기 원로목사 (영은교회)
* 영상선교사 김병삼 장로님 / 280

허재철 원로목사 (신당중앙교회)
* 적게 가져도 많이 베푸는 양동완 장로님 / 285
* 교회 위한 주관적 정의를 갖고 계신 김봉충 장로님 / 288
* 아름다운 훈계자, 우주섭 장로님 / 291

홍순우 원로목사 (장충단교회)
* 곤경에 처할 때마다 큰 도움을 주신 나영기 장로님 / 294

황인철 목사 (롱아일랜드 아름다운교회)
* 교회 섬기는 일에 본을 보이신 황종원 장로님 / 301

"위암 수술비로 교회 천장 수리하라"는 명동산 장로님

40여 년 전 신앙생활 시작하던 때 고향 도초중앙교회 명동산 장로님은 잊을 수 없는 이름이셨다. 새벽기도에 나오시면 온 교우 심방하듯 기도하고 해 뜨도록 제일 오랫동안 기도하시던 장로님이시다. 그런 장로님이 위암 말기 진단을 받고 65세 나이로 수술을 받아야 했다. 기도하시던 장로님은 수술받기를 소원했던 자녀들에게 수술비를 가져오라 하셨다. 그 수술비로 "교회 천장 수리하라고 헌금하고 나머지는 가난한 성도 구제하라."고 한 후 조용히 임종을 준비하셨다.

우리들이 병문안을 가면 집에 들어오지도 못하게 내보내시면서 "나는 조용히 투병하고 싶다. 이 아까운 시간에 젊은이들이 나를 위해 시간 허비하지 말고 가서 전도하고 기도하고 교회 섬기라."고 하셨다. 그리고 "내 평생 소원 이것뿐 주의 일 하다가 이 세상 이별하는 날 주 앞에 가리라."고 찬송을 부르셨다. "내 나이에 암 말기를 주신 것은 나를 하나님이 부르심이다. 평생 하나님나라 소망하며 살았는데 왜 내가 천국가기를 지체하랴."

그 신앙으로 임종하시는 날, 하나님께서 장로님 집에 무지개를 내리신 것을 본 동네 사람들은 "저 장로님 천국에 가셨나보다" 하고 모두 예수를 믿었다.

나는 그 후 질병과 사고 위험으로 십여 차례나 죽음의 고비를 넘겼다. 그때마다 장로님이 임종 앞에서 보여 준 신앙 때문에 나도 평생 예수님의 가상 7언 중 마지막 말씀 "내 영혼을 받으시옵소서."를 생각한다.

내가 죽는 날 세상은 약간 슬픔일 것이나 하늘에서는 나의 생일로 태어나는 것이니 무엇이 두려움이겠는가? 일제 강점기를 지내며 자신이 공부 못한 것이 한 되셨는지 그의 자녀들은 모두 교육자로 교장, 교감, 교사로 봉직하고 있다.

허물은 덮고, 칭찬은 드러내시는 김실귀 장로님

연령으로 보면 아버지 연세이시다. 심방 가면 20대 후반 새파랗게 젊은 목사인 우리 부부를 항상 아랫목 자리에 앉히시고 본인은 윗자리로 물러나신다. 아무리 사양해도 "하나님 앞에 가면 주의 종 잘못 대했다고 벌 받아요." 하면서 천사처럼 대하셨다.

돌아가시기 몇 년 전부터 아내와 나의 옷을 맞춰 주시며 사양하는 우리에게 "나 죽으면 목사님이 내 시신 만져 하나님나라 보낼 텐데 미리 은혜 보답하고 가야지요." 장로님 천국 가시고 일 년 뒤 똑같은 날 권사님도 가셨다.
추도식을 같은 날 드린다. 평생 주의 종 평안케 하시더니 추도식까지 같이 드리게 하시다니…….

16 목사가 감동한 그 때 그 장로

— 고 김일귀 장로님 영전에

우리 장로님

아비의 자리에 있으면서도
그 자리 양보하시고
어린 목자 앞세우시고
당신은 늙어서도 젊으셨던 하늘의 겸손입니다.
내가 더러 실수하여 자만에 빠질 때
목자의 마음 아프지 않게 권면하신 후
제단에 무릎 꿇는 당신의 경건으로
이 날 평생
허물은 덮고 칭찬은 드러내시기만 하셨으니
섭섭함도 은혜였습니다.

하나님 좋으시면 우리도 좋아
주장한 일 없으시고

사사로움 앞세운 일 없어
언제나 당당하시고
섬기는 일이면 아까울 것도 없어
더 많은 것 드리지 못한 감사로 기뻤던 세월
불같은 시험도 있어
성전 건축 앞두고 어린 손자 눈이 멀어 볼 수 없을 때
나는 눈 띄워 성전 건축케 해달라고 기도하고
당신은 눈에서 피가 솟을 때 아이 눈은 떴습니다.

기도로 두 아들 인도하고 양떼를 모아
평생 헤아려도 못 헤아릴 정성 드려
이 성전 완공의 사명 마치고
열쇠를 쥐어 주던 날은
나도 울고 당신도 울었습니다.

그러시고도
영광의 몫은 모두 하나님께
수고의 몫은 오직 당신 목자에게
돌리고 나면
스스로 숨어사시는 동안
이 땅에 당신의 이름은 없습니다.

18 목사가 감동한 그 때 그 장로

아시기에 모르시고
모든 것을 가지시고 가난한 당신은
저 하늘나라에서 빛을 볼 수 있는
이 땅에는
아직 묻혀 있는 보배였습니다.

오늘 이토록 당신이 앉으셨던
그 자리가 유난히 텅 비어 보이고
저 어린 양떼들이 저토록 처량해 보이는 것은
당신의 죽음이 아쉬워서도
부족해서도 아닙니다.
그래도 우리 가슴이
슬프기만 하는 것은
당신은 너무나 큰 별로 떴다가
이 땅에서 하늘로 떨어져 버렸기 때문입니다.

아내 사랑에 극진한 박두상 장로님

박두상 장로님은 평생 장의사를 운영하며 자녀 6남매를 신앙으로 키워 두 자녀를 목회자로 바친 분이시다. 부인 김 권사님은 모든 교인이 우러러보고 따르는 신앙의 어머니셨다.

그런 권사님이 80이 넘어설 때 치매가 왔다. 효심이 큰 자녀들이 권사님을 병원에 입원시키고 간호하겠다고 나섰다. 그러나 박 장로님은 모든 것을 거절하고 공기 맑고 숲 우거진 산속에 집을 짓고 평생 함께 살아온 권사님의 병 수발과 집안 청소, 살림 등을 손수 하셨다. 그리고 예배드리려고 권사님과 손을 잡고 오시기도 하고, 어느 때는 업고 오시고, 교회 출석 못할 때는 설교 테이프로 가정 제단 쌓으며 예배를 드렸다. 장의사까지 문 닫고 오직 아내 사랑에 자신의 모든 것을 바치셨다.

"내가 불신자일 때 술 담배 여자에 빠져 재산 탕진하고 아내를 구타하고 너무 많이 울렸습니다. 내 죄의 값으로 내 아내가 저렇게 됐으니 이제는 내가 병든 아내를 위해 이렇게라도 돌보며 회개로 씻어야 되지 않겠습니까." 하며 지극 정성으로 아내를 위해 눈물로 간호하시는 장로님이 계시다.

"남편들아 아내 사랑하기를 그리스도께서 교회를 사랑하시고 위하여 자신을 주심 같이 하라"(엡 5:25).

간이식으로 보상받은 윤옥철 장로님

건축업자인 윤옥철 장로님은 IMF 때 부도로 모든 가산을 정리하고 빈손이 된 후 그 충격 때문에 간경변증으로 사망선고 진단을 받았다. 살길은 오직 하나 간이식을 받는 것이었다. 그러나 큰딸이 아빠 위해 드리겠다는 것을 거절했다. 시집 안 간 딸 장래가 더 걱정스러웠기 때문이다. 형님과 동생이, 형수와 제수가 같이 와서 서로 간을 기증하겠다고 나섰다.

담당 의사는 두 형제의 간을 반절씩 기증받아 윤 장로님의 간을 모두 적출하고 이식하기로 했다. 23시간 걸려 수술 하는 동안 140개 팩의 피를 수혈했고, 의사 24명이 동원되어 3형제의 가슴을 여는 수술에 성공했다. 수술실 밖에서는 80세의 노모와 세 여자들과 자녀와 조카들이 기도로 아픔을 함께 했다.

윤 장로님께서 평소 사업이 잘될 때 남편과 자식들을 돌봐준 그 은혜가 너무도 커 가만히 있을 수 없었던 형수와 제수가 오히려 적극적으로 이식하기를 권했다. 수술비 1억은 4형제 중 제일 몸 약한 동생이 부담했다. 형제 사랑이 식어가는 세상에 핏줄 사랑이 이토록 죽어가는 형제의 생명과 그 가족들 생명을 살렸다.

"형제가 연합하여 동거함이 어찌 그리 선하고 아름다운고"(시 133:1).

새벽기도로 9남매를 키운 김승선 장로님

어느 장로님이 장로 임직을 받고 주일예배 때 공중기도를 하기 위해서 단에 올랐다. 그 때 목사님이 장로님을 말렸다.

"죄송합니다. 정장을 입은 분이 기도해 주세요."

정장을 못한 장로님은 단에서 내려온 후 맨 뒷자리에 앉아 눈물을 쏟았다. 농사 지어 9남매 가르치다보니 넥타이와 양복은 엄두도 못 냈다. "하나님, 내 자식들에게만은 이 가난을 물려주지 않게 하소서."

그 후 장로님은 강물에 빠져도 집에 돌아와 옷 갈아입고 새벽기도를 드렸다. 장로님의 9남매를 통해 104명의 예수 잘 믿는 후손이 탄생했다. 매년 1월 1일은 온 식구가 모여 예배드리고, 성경을 가장 많이 읽은 가족에게 상도 준다.

장남은 매산고 교장을 지냈고, 둘째는 육군 대령으로 전역했고, 셋째가 대기업 사장이고, 넷째는 국회의원을 두 번이나 지냈고, 다섯째는 장관을 거쳐 국정원장을 지내신 김

승규 장로님이다. 네 명의 딸과 사위도 교회 중직자이다. 새벽기도로 키운 9남매가 신앙의 명가를 이룩했다. 그 분이 바로 고 김응선 장로님이시다.

"여호와께서는 자기에게 간구하는 모든 자 곧 진실하게 간구하는 모든 자에게 가까이 하시는도다"(시 145:18).

주일에 소도 쉬게 한 부친

나의 가정은 조상 대대로 내려오면서 농사를 지어온 농가이다.

대농(大農)은 아니나 논농사와 밭농사를 겸하였다. 논농사는 대동강 줄기를 끼고 있어 소위 도수왕래(導水往來)를 하므로 1년 내내 비가 오지 않아도 크게 지장이 없을 정도였다. 만조(滿潮) 때에 수문(水門)을 열어 놓으면 물이 콸콸 들어와 그 넓은 논을 다 채웠다. 그래서 논에 물 관리만 잘하면 되는데 평당 벼가 4섬 정도 소출이 되는 아주 기름진 땅이다. 농사일에 일손이 가장 바쁜 때는 논갈이 때와 모심는 시기이다. 논은 미리 갈아 두었다가 모심기 며칠 전에 써레질을 하고 모를 심는데, 모가 빨리 자란 집부터 약 15명에서 20명 단위로 조를 짜서 집집마다 돌려가며 모를 심는다.

현재는 기계화되어 기계로 논을 갈고 모도 심는다. 그러나 옛날에는 손으로 일일이 그 넓은 논을 갈고 모도 손으로 심었다. 소는 농사일에 유일한 수단이었다. 소 없이는 농사를 지을 수가 없다. 그래서 농가마다 소가 있게 마련인데 경우에 따라서는 소 한 마리를 여러 집이 어울려서 두기도 한다.

나의 가정은 소 한 마리를 가지고 있었다. 농민은 소를 사랑하고 또 아낀다. 소가 힘을 쓰게 하기 위하여 겨울 내내 콩깍지와 볏짚을 작두로 썰어 콩을 듬뿍 넣어 큰 가마에 푹 삶아 김이 무럭무럭 나는 소위 여물을 주어서 겨울 동안 살을 찌게 한다. 농우(農牛)는 대부분 암소이기 때문에 2년마다 송아지를 낳아 경제적으로도 보탬이 되었다.

나의 가정은 3대째 내려오는 장로의 가정이다. 고향 교회는 평남 강서 고창교회로 1896년에 창립했다. 고 길선주 목사님께서 부흥회 도중에 소천하신 교회로 시골교회 치고는 퍽이나 큰 교회다. 내 선친은 35세에 장로 장립을 받으셨는데 그때 나는 열두 살이었다.

우리 가정은 주일이면 어떠한 일이 있어도 온 가족이 주일성수하여 경건하게 지켰다. 농번기 어느 주일에 이웃 마을 사람이 소를 빌리러 왔다. "김 장로님, 소를 좀 빌리러 왔습니다. 장로님께서 오늘 주일이어서 교회에 가시니 소를 빌려 주면 돈으로 갚거나 사람 품으로 갚겠습니다." 라고 하였다.

소 하루 품은 사람 열 품에 해당한다. 경제적으로 따지면 빌려 줄만하다. 그러나 부친은 "주일에 사람이 쉬는 것처럼 소도 쉬어야 합니다."라고 하시며 끝내 허락하지 않으셨다. 그래서 그 분은 안 좋은 기분으로 그냥 돌아가셨다.

출애굽기 20:10의 말씀에 기록된 "제 칠 일에는 너의 하나님 여호와의 안식일인즉 너나 네 아들이나 네 딸이나 네 남종이나 네 여종이나 네 육축이나 네 문안에 유하는 객이라도 아무 일도 하지 말라"는 말씀대로 성수주일을 철저하게 지켰다.

그때 소가 말은 못해도 "오늘은 내 주인이 장로인 덕분에 나도 쉬는구나, 참으로 고맙다. 오늘 푹 쉬고 내일부터 엿새 동안 열심히 일을 해야겠다. 그러면 다음 주일에 또 쉬게 된다." 이렇게 생각했을 것이다. 주일에 소도 쉬게 하는 신앙은 귀한 일이다.

최근에 한국 교회가 주일성수에 대한 개념이 희박해져 개탄하지 않을 수 없다.

6·25때 어린 생명을 구한 흑인 장로님

한국전쟁 시에 UN 16개 나라의 젊은이들이 참전하였는데 그 중에 미국 군대가 가장 많이 참전을 하였다. 미국 어느 가정에서는 할아버지 아들 손자 3대가 참전한 가정도 있다. 미8군 티몬스 중장이 사령관으로 복무를 하였으며, 아들이 대위로 마산 지역에서 전투를 하다가 전사를 당하였고, 손자는 2000년에 판문점 근처 최전방에서 복무를 한 바 있다.

6·25때 일어난 사건들이 너무도 많다.

헨리 홍이라는 목사님은 1991년에 미국에서 평화 복지회 회장으로 있으셨는데, 그가 목회하는 교회에 흑인 장로님이 계셨다. 이 흑인 장로님이 27세 때 한국전쟁 참전 시 실제로 겪은 일이다.

어느 겨울 혹독하게 추운 날씨에 수원에서 짚차를 타고 서울로 가는 도중에 휘발유가 떨어져 가까운 부대로 가는 길가에서 갓난아기의 우는 소리가 들렸다. 차에서 내려 어린애가 우는 쪽으로 다가가서 보니 갓난아기가 어머니 배 위에서 숨이 막 넘어갈 듯이 울고 있고, 어머니는 이미 세상을 떠난 상태였다.

미국 흑인 병사는 죽은 어머니의 시체를 서울 근교에 있는 공동묘지에 묻고, 어린애는 부대에 데리고 와서 막사에서 키우다가 군복무를 마치고 미국으로 가면서 어린애를 양녀로 입양하였다. 이 어린애는 좋은 환경에서 성장하여 대학까지 졸업하고 좋은 직장에서 사회생활을 하다가 결혼하여 행복하게 살았다.

그런데 그녀는 어느 날 자신의 과거가 궁금하여 양아버지에게 물었다. 양아버지는 한국에서 있었던 일부터 현재에 이르기까지의 일을 자세하게 이야기를 해주었다. 그때부터 그녀는 한국이 어떠한 나라인지 알고 싶었으며 그리고 한번 가보고 싶었다.

그래서 오랫동안 준비하고 계획을 세워서 드디어 한국을 방문하게 되었다. 그녀는 미국인 양아버지와 함께 한국을 방문하였는데 한국에 도착하자마자 제일 먼저 찾아간 곳이 어머니의 묘소였다. 그녀는 어머니의 무덤 앞에서 그녀가 갓난아기 때에 있었던 일을 생각하면서 자기가 입었던 코트를 어머님의 묘소에 덮어 주었다.

"어머니, 그날 혹독하게 추웠다는데 얼마나 추웠습니

까? 어머님은 추위에 얼어서 죽더라도 딸 만큼은 살리려고 어머님 배 위에 얹고 돌아가신 어머님!!" 하면서 무덤에 엎드려 목을 놓고 울었다.

    어머니의 고귀하신 희생은 위대한 모성애이다. 그리고 무명의 흑인 병사가 그리스도의 사랑으로 어린 한 생명을 살려서 이제는 어엿한 미국의 한 시민으로 살게 되었으니 참으로 귀한 일이다.

    "예수께서 그리스도이심을 믿는 자마다 하나님께로서 난 자니 또한 내신 이를 사랑하는 자마다 그에게서 난 자를 사랑하느니라"(요일 5:1).

적군파 학생을 은닉한 목사를 변호한 장로님

 1973년 4월에 일본 고베(神戶) 지방법원 제15호 법정에서 실제로 있었던 일이다. 아마가사끼시(尼崎市) 공업고등학교 적군파(赤軍派) 학생이 자기 학교를 파괴할 목적으로 화염병을 던져 방화 범죄로 체포령이 내려졌다.
 학생은 도망을 치는 중에 어느 교회 앞을 지나가다 순간적으로 교회에 피신하는 것이 안전할 것 같아 교회로 들어갔다. 다네다니준이찌(種俗俊一) 목사는 느닷없이 겁에 질린 학생이 들어오면서 도와달라고 하기에 무조건 들어오라고 하였다. 목사는 학생에게 사연을 물었더니 학교 방화 사건으로 경찰에 쫓기고 있다고 하였다. 목사는 그 순간 망설이다가 한 영혼을 구하려는 뜻으로 그 학생을 숨겨 주었다. 얼마 후에 목사는 사까이시(堺市)에 있는 친구 목사에게 부탁하여 이 학생에게 직장을 구해 주어서 일을 하게 되었다.
 그러던 중에 이 학생이 경찰에 체포되어 수사를 받으면

서 지금까지 있었던 사연이 전부 밝혀져 학생을 은닉하여 준 목사가 공범죄로 입건되었다.

이 사건이 고베 지방법원에서 해결이 나지 않아 동경 고등법원으로 상소하였다. 그런데 이 사건을 담당한 일본 동경 고등법원 판사로 재직 중인 나가히라겐이찌(中平健一)씨는 동경에 있는 니시가다마찌(西片町) 교회의 장로였다. 이 사건을 맡은 판사인 장로는 이 문제를 놓고 기도하는 중에 장로가 목사를 판결하는 일은 가당치 않게 생각하여 판사를 사임하고, 이 사건을 무료로 변호하기 위하여 변호사로 법정에 섰다.

사건을 담당한 검사는 방화범을 은닉한 목사를 범인 은닉죄와 공범죄로 입건하였다. 이 사건이 신문에 널리 보도되어 일본의 언론과 지성인들, 사회와 특별히 기독교계가 비상한 관심을 갖고 주시하게 되었다. 장로인 변호사는 변호하기를 "피고는 목사로서 개인적인 아무런 이해의 목적 없이 단지 한 영혼을 배려하기 위하여 하나님께 위임받은 목사의 직분을 행사한 것뿐이다"라고 주장하였다. 그리고 이러한 신성한 목사를 일본 국법으로 취급할 사건이 못되며 또 할 수도 없음을 강력하게 주장하였다. 이 때 법정 분위기는 숙연해졌으며 변호사의 변호는 권위가 있었다.

이 재판을 2년 간 계속하여 끌어오다가 결국은 무죄로 판결이 났으며, 다네다니준이찌 목사의 승리로 끝이 났다. 니시가다마찌(西片町) 교회의 나가히라겐이찌(中平健一) 장로님은 목사의 직위는 세상에 속한 것이 아니라 그 이상의 것으로 언제나 신성하고 거룩해야 함을 보여 주셨다.

"누가 능히 하나님의 택하신 자들을 송사하리요 의롭다 하신 이는 하나님이시니" (롬 8:33).

아낌없이 베푸시는 정창근 장로님

나는 23년 간 신학원에서(지금은 대학원대학교) 제자를 양성하였고, 24년 간 안동교회에서 목회를 하고, 47년 만에 은퇴하였다.

2003년 12월 원로목사로 추대를 받는 은퇴식에서 열 가지 감사로 은퇴사를 2분 만에 마쳤다. 그 중에 아버지 같은 원로목사님을 만나고, 형제 같은 장로님들을 만나고, 가족 같은 좋은 성도들을 만나서 평안하게 목회를 하게 하신 하나님께 감사하다고 하였다.

내가 목회할 때 우리 교회에는 35명의 시무장로님들이 계셨다. 나는 그 분들 때문에 한 번도 속상하거나 마음 아픈 일이 없었다. 모두 좋은 분들이었고 목사에게 정성을 다하여 순종하였다. 그중 선임이신 정창근 장로님은 유명한 이비인후과 의사이며 사회봉사면에서도 다른 이에게 귀감이 된 분이었다. 시온재단이사장(안동재활원), 로터

리클럽 경북지구 총재도 역임하였다. 교회에서는 충성된 장로로 섬김의 모범을 보이셨고, 담임목사인 나와는 형제처럼 지내며 서로 사랑하고 교회 일이든 그 외 모든 일을 같이 상의하고 순리대로 처리해나갔다.

내가 교단 총회장으로 출마하였을 때 나는 교회 재정은 한 푼도 사용하지 않았다. 교회 헌금을 선거 비용에 쓸 수 없다는 것이 나의 소신이었다. 그때 정창근 장로님이 개인 돈으로 나를 돕겠다고 하여 사양하였으나, 그는 기쁜 마음으로 부담하여 최소한의 경비를 충당한 적이 있다. 생각해 보면 그때 일이 너무 고맙고 감격할 따름이다.

그도 이제는 은퇴하여 원로장로로 추대받고 아직도 현역 의사로 아침부터 저녁까지 열심히 일하고 있다. 그와 그 가정에 하나님의 은총이 함께하시기를 기도하고 있다.

"네 보물 있는 그 곳에는 네 마음도 있느니라" (마 6:21).

연보든 말이든 둘 중 하나만 해야 한다는 김익명 장로님

청량리중앙교회는 필자의 모교회이다. 초등학교 1학년부터 다녀서 24년 동안을 다녔고 모교회에서 교육전도사와 전임전도사 그리고 부목사까지 시무를 했다. 보통 선지자는 고향에서 대접을 받지 못한다. 내가 시무하는 교회가 나의 모교회였고, 당시 시무하시는 장로님들이 대개 주일학교 때 선생님이셨음에도 불구하고 깍듯하게 전도사와 목사 대우를 해주셔서 조금도 그런 어려움 없이 시무를 할 수 있었다. 지금 생각해 보니 참 장로님들이 훌륭하셨었구나 하는 것을 느낄 수 있다.

청량리중앙교회에 김익명 장로님이라는 분이 계셨다. 아버지의 뒤를 이어 2대째 장로로 시무하시던 분이셨다. 사업을 열심히 하셔서 나름대로 재력도 꽤 있으셨다. 당시 교회가 장년 출석 500명 정도 되는 적지 않은 교회였는데 교회 재정의 1/3을 혼자 연보하시곤 하셨다. 지금 교회 형편을 대입해 보면 대략 일 년에 혼자서 2억 원에서 3억 원 정도의 연보를 하시는 셈으로 아무리 재력이 있는 분이라고 하여도 그것은 쉽지 않은 일이었다.

그 장로님이 나를 친동생처럼 가까이 해 주셔서 언제나 여러모로 참 많은 도움을 받곤 했었다. 유년부 교육전도사를 할 때 장로님이 마침 유년부의 부장이셨는데 장로님과 파트너가 되어 사역을 할 때가 정말 환상적이었다고 하리만큼 좋았었다. 어느 날 당회에 건의할 일이 있어서 김 장로님에게 부탁을 드렸다. 연보를 많이 하시는 장로님이시니까 당회에서 발언권도 강하시리라는 인간적인 생각이 작용했기 때문이었다. 물론 나하고 가깝기도 하셨지만……

그러나 뜻밖에도 장로님은 나의 부탁을 받으시고 많이 망설이셨다. 그리고 정중히 거절하셨다. 자신이 당회에 그 안건을 내놓는 일을 하고 싶지 않다는 것이었다. 장로님은 그 이유를 이렇게 설명하셨다.

"전도사님 아시다시피 제가 교회에 헌금을 좀 많이 하지 않습니까? 그래서 저는 원칙적으로 당회에서 발언을 잘 하지 않으려고 하고 있습니다."

그 이유를 묻는 나에게 장로님은 평생 잊을 수 없는 말씀을 해 주셨다.

"연보를 많이 하든지 말을 많이 하든지 둘 중에 하나만 많이 해야지 둘 다 많이 하면 못써요."

나는 그 말씀을 평생 잊을 수 없다. 연보를 많이 하든지 말을 많이 하든지 …….

사람에게는 세 종류의 사람이 있다고 한다. 있어서는 안 되는 사람과 있으나 마나한 사람과 없어서는 안 되는 사람이 그것이다. 사람은 누구나 다 없어서는 안 되는 사람이 되려고 한다. 없어서는 안 되는 사람이 있는 조직은 반드시 성공하고 부흥한다. 왜냐하면 없어서는 안 되는 사람이 있기 때문이다. 그런데 나름대로의 경험에 의하면 없어서는 안 되는 사람이 있는 조직은 얼마 동안 되다가 결국에는 안 되고 망한다. 이유는 너무나 분명하고 간단하다. 그 사람이 없으면 안 되는 조직이니까 그 사람이 없어지게 될 때 당연히 그 조직은 안 되고 망하게 되는 것이다.

최고의 리더십은 없어서는 안 되는 사람이 아니라 있으나 마나한 사람이다. 여기서 이야기하는 있으나 마나한 사람은 없어서는 안 되는 사람 밑의 사람이 아니라 그 위의 사람을 의미한다. 없어서는 안 되는 사람이 된 후 정말 훌륭한 리더는 조직을 위하여 스스로 있으나 마나한 사람이 된다. 없어서는 안 되는 사람 밑의 있으나 마나한 사람이 되는 것은 쉽다. 그냥 가만히 있으면 되기 때문이다. 그러나 없어서는 안 되는 사람 위의 있으나 마나한 사람은 없어서는 안 되는 사람이 되기보다 더 어렵다.

하나님은 이스라엘 백성들을 성공적으로 가나안으로 이끈 모세를 가나안에 들어가지 못하게 하시고 느보산에서 죽게 하셨다. 광야에서 모세는 없어서는 안 되는 사람이었다. 그러나 하나님은 가나안에서 모세를 있으나 마나한 사람이 되게 하셨다. 인간적으로 생각할 때 평생을 수고한 모세를 가나안에 들어가지 못하게 하신 하나님은 참 비정하신 분이시다. 그러나 하나님은 큰 공을 세운 모세가 가나안에 들어가는 것보다 느보산에서 죽는 것이 자신과 백성들을 위하여 더 좋다는 것을 아시고 그렇게 하셨다.

모세는 느보산에서 죽음으로 평생의 수고와 공을 잘 보존할 수 있었다. 만일 그가 가나안에 들어갔더라면 여호수아는 모세의 뒤를 이어 훌륭한 지도자가 되지 못했을 것이며 백성들은 모세와 여호수아 사이에서 갈등해야 했을 것이다. 그러나 모세가 느보산에서 죽어 줌으로 여호수아는 훌륭한 지도자가 될 수 있었고 모세는 더 훌륭한 지도자가 되게 되었다. 하나님은 모세 이전에도 이와 같은 선지자가 없고 이후에도 이와 같은 선지자가 없었다라고 친히 말씀해 주셨다.

　청량리중앙교회의 김익명 장로님은 모세와 같은 장로님이시다. 죽도록 충성하신 후 말없이 느보산에 올라가신 모세와 같은 사람이다. 때문에 작지 않은 교회 재정의 1/3을 혼자 연보하시면서도 교회의 주인이 되지 않고 교회를 평안한 교회로 섬길 수 있으셨던 것이다.
　교회 재정의 1/3을 혼자서 연보하신다는 것은 쉽지 않은 일이다. 그러나 그보다 몇 배나 더 어려운 일이 있다면 그것은 그렇게 헌신하시고 희생하시고도 당회에서는 말을 아끼셨다는 것이다.
　연보를 많이 하든지 말을 많이 하든지 둘 중에 하나만 해야 된다는 김 장로님의 말씀은 평생 잊을 수 없는 명언이었다. 그런 장로님과 목사님들이 우리 한국 교회에 많아졌으면 좋겠다.

선한 사마리아인 같은 안재국 장로님

　매섭게 추운 어느 겨울날 아침이었다. 나는 경건회를 마치고 나의 집무실에 있는 책상에 앉아서 하나님께 "실로암아이센터 건립을 위해 많은 기도의 동역자를 보내 주시고 헌금으로도 후원할 수 있는 사랑의 천사들을 보내달라"고 기도드렸다.
　한국에서 처음으로 건립하는 실로암아이센터가 완공되면 살아계신 하나님께 바치고 한국 교회와 사회 앞에 바쳐서 많은 사람들의 영혼의 눈과 육의 눈을 밝혀 줌으로 새 생명의 빛을 회복하여 희망이 넘치는 삶을 살 수 있도록 하며, 사랑을 베푸는 실로암아이센터(실로암안과병원)가 되게 해 달라고 간절히 기도했다.
　기도가 끝나자 나와 더불어 친숙한 선배로부터 전화가 왔다. 그는 기쁨이 넘치는 음성으로 "제가 한 시간 내로 안재국 장로님을 모시고 가겠습니다. 어디 가지 마시고 기다려 주세요."라고 했다. 나는 도대체 무슨 일일까? 개안수술 헌금을 가지고 찾아오시는 것일까? 아니면 실로암아이센터를 위해 벽돌 헌금을 가지고 찾아오시는 것일까? 하면서 그를 기다렸다. 한 시간 남짓 지났을 때 전화한 동문과 안재국 장로님이 힘찬 발걸음으로 원장실에 들어왔다.

소파에 앉아 조용히 묵상기도를 드리고 나서 안재국 장로님께서 보자기에 싼 큰 뭉치를 나에게 전해 주는 것이었다. 그리고 말하기를 "실로암아이센터를 위해 기도하던 중에 하나님께로부터 도와드리라는 음성을 듣고 헌금을 가져왔다."고 했다. 그가 바친 헌금은 현금 1천만 원이었고 한 번도 사용한 적이 없는 신권이었다. 안 장로님은 "이 헌금이 실로암아이센터 건립에 씨가 되어서 오병이어의 기적이 나타나길 기도합니다."라고 했다.

나는 동문 후배 안재국 장로님의 순결하고 선하며 아름다운 실천적인 신앙에 감동을 받았다. 대다수의 많은 분들은 많은 헌금을 할 때 수표 한 장으로 바치는 것이 보통이다. 그러나 안재국 장로님은 정성이 담긴 믿음과 사랑으로 신권 1천만 원의 헌금을 바쳤다. 안 장로님과 같은 믿음의 사람들로 인해 실로암아이센터가 완공되어 하나님을 기쁘시게 할 뿐만 아니라 많은 사람들에게 귀감이 될 것이다.

안재국 장로님은 남서울중앙교회 시무장로인 동시에 중구 인현동에서 (주)광일사, 광일피앤피, 광일퍼마스를 운영하는 훌륭한 기독 실업인이다.

필자는 선한 사마리아인을 닮은 안재국 장로님과 같은 장로님들이 실로암아이센터를 위해 기도하고 헌금으로 도와주심으로 세상을 향해 희망의 밝은 빛을 주는 놀라운 사랑이 확산되었으면 하는 바람이다.

"오직 너희를 위하여 보물을 하늘에 쌓아 두라 거기는 좀이나 동록이 해하지 못하며 도적이 구멍을 뚫지도 못하고 도적질도 못하느니라"(마 6:20).

44 목사가 감동한 그 때 그 장로

양봉 전도사 감동시킨 유한식 장로님

　내가 존경하는 장로님은 이름 없이, 빛도 없이 한평생을 사시다가 천국으로 가신 고 유한식(兪漢植) 장로님이다.
　그는 나의 고향 교회인 관기교회(지금은 대덕제일교회) 장로로 시무하셨다. 지금은 100년이 넘었으니 초대 선교사들이 소위 말뚝을 박아 세운 교회라고 알려져 있다. 그런데 유한식 장로님은 가난한 살림에 이곳을 다녀간 교역자들에게 큰 감명을 준 것이다.
　장로님은 노모를 모시고 슬하에 7남매가 있었다. 터울도 짧아 모두가 졸망졸망하여 집에 가보면 언제나 가득 찬 느낌이었다. 그래도 늘 웃음꽃이 피었고 화기애애하며 화목했다. 내가 유 장로님의 가정 이야기를 하는 데는 특별한 뜻이 있다. 가족이 이렇게 많다보니 방이 넉넉할 리 없고 덮을 이불 역시 부족할 터였다. 그런데 내가 어릴 적(고교시절) 기억으로는 장로님 가정엔 목회자 손님이 끊이질 않았다. 목사나 전도사가 들르면 사랑채는 언제나 손님 방이었고 따로 고이 간직한 이불은 하나님의 종에게 쓰였다. 평소 가족들은 그 이불을 일체 덮질 않았다.

장로님은 물려받은 토지가 별로 없었다. 선조 때 많이 손해를 봐서 잃었다고 한다. 우리가 보기에는 어릴 적이지만 "장로님 가정은 하나님이 먹여 살리는가보다"라고 생각할 정도로 기적 같았다. 그런데도 그의 얼굴은 항상 밝았고 부인 권사님 역시 꼭 같았다.

역사가 깊은 교회이다 보니 다녀간 교역자도 많고 거쳐간 분들도 상당수이다. 그들 모두 한 사람도 유한식 장로님을 고맙게 여기지 않는 분이 없었다. 정말 두고두고 감명 깊은 장로님이다.

그의 신앙과 생각은 언제나 긍정적이었다. 내가 서울로 올라오기 전 고등학교 1학년 시절(1956년 경)로 기억한다. 시골 교회에 분쟁이 생긴 것이다. 당시 전도사가 설교 준비는 안하고 양봉에만 신경 쓴다고 수군대기 시작했다. 그것도 트집이 될 만했다. 전도사님은 교회 마당 구석구석은 물론 공간이 나는 곳엔 벌통을 놓았다. 그러다보니 마당에서 벌에게 쏘였다는 말도 자주 생기곤 했다.

전도사님은 고집이 대단하였다. 연세도 들었고 고생도 많이 하였으니 누가 뭐라고 해도 자기 생각대로 사는 분이었다. 그러니 교인들 대다수가 말로 해보기도 하고 심지어 붓글씨로 요사이 같으면 연판장 같은 것을 장장 써 올려도 듣질 않았다.

교인들은 마지막으로 한 분뿐인 유한식 장로님에게 전도사님을 만나 해결해 달라고 부탁하였다. 장로님은 며칠을 두고 소문나게 기도에 들어갔다. 기도를 마친 후 양봉을 할 수 있는 공간을 해결해 준 것이다. 교회 뒷산으로 벌통 모두를 옮길 수 있도록 하였고 손수 앞장도 섰다.

전도사님도 감동을 받아 꿀을 생산하여 얻은 수익금 전액을 헌금으로 드려 교회 건축에 도움을 주었다.

그 때 유 장로님의 긍정적 설명이 멋지다. "전도사님이 꿀벌을 다루듯이 조심스럽게 우리 양떼들을 돌보는 비결이 양봉법에서 나옵니다. 기다립시다. 분명히 좋은 결과가 올 겁니다."

"호랑이는 죽어 가죽을 남기고 사람은 죽어 이름을 남긴다."는 속담이 있듯이 유한식 장로님은 떠나셨어도 지금도 대덕제일교회를 가면 유 장로님의 모습이 떠오른다. 그는 평소 겸손하고 인자하셔서 그의 흔적을 남기거나 주님 외에 자신의 이름을 나타내는 걸 원치 않았다.

신앙이 밝고 사고방식도 그렇게 밝더니 그의 음성 역시 밝았다. 지금도 장로님 모습이 생생하게 기억난다.

'스펀지목회'를 일깨운 엄기주 장로님

내가 경천교회로 부임케 된 동기가 엄기주 장로님과의 인연 때문이다. 서울 상도동에서 1970년대 중반 '가정 제단'을 쌓던 엄 장로님 가정에 가서 설교를 한차례 했던 게 큰 인연이 되었다.

결국 군목 중령으로 육군 군종감을 바라보고 있던 내가 군복을 벗고 경천교회로 옮겨온 것이 1980년도였다. 그것도 아쉬울 것이 국방부에서 미국 컬럼비아선교대학원(석사코스)으로 2년 간 위탁교육을 보내 주는 혜택을 받은 내가 군에서 나온다는 게 여간 무리가 아닐 수 없었다. 특별히 나는 중령 진급이 쉽지 않을 당시 미국 유학 중 소령에서 중령으로 진급될 정도로 군의 사랑을 독차지하고 있었다.

3개월 동안의 민간 목회는 재미가 있고 교인들도 만족해 했다. 그런데 3개월이 지날 무렵 권태가 피차 생기기 시작한 것이다. 새벽기도회로 매일 일찍 일어나기도 힘들고 왜 그리 설교할 일도 많은지, 점점 쫓기는 심정이 되니까 모든 게 싫어졌다. 그런데 나만 그런 게 아니라 교인들도 저절로 읽은 듯 했다. 목회는 억지로 하면 모든 게 어려운 것임을 실감한 것이다.

군대목회와 민간목회의 차이는 구조상, 성격상 거리감이 있었다. 군대는 명령이 통하지만 민간교회는 감동이 되어야 움직이는 법이다. 경천교회는 엄 장로님이 직접 땅을 바치고 1971년도에 개척한 교회이다. 그렇기 때문에 관심도 많았고 사랑도 컸다. 그런 연유로 초창기 9년 동안에는 목회자가 자주 바뀌었고 결국 내가 5대 목사로 부임한 것이다.

말이 다섯 번째이지, 교회가 좀 짜임새가 없었다. 나는 부임 3개월쯤 되어 후회하기 시작했다. 그래서 엄기주 장로님을 혼내 주기로 마음을 먹고 밤중에 집으로 찾아갔다. 나는 자리에 앉지도 않은 채 서서 다짜고짜로 "엄 장로, 당신 회개하시오. …… 어디, 목사나 쫓아내고 교만한 장로…… " 운운하며 벌컥 화를 냈다. 처음엔 농담조로 들었는지 "알았어요. 앉아 말씀하세요." 하는데 나는 화가 풀리질 않았다. 결국 마음에 불을 지르고 돌아온 것이다.

그날 밤으로 시작해서 우리 둘 사이는 물론 교회는 어지러울 정도로 문제가 생기고 말았다. 목회를 하러 왔는지,

아니면 군기를 잡으러 온 것인지 나도 나를 모를 지경이 되었다. 사실은 나 자신의 문제였고 나는 내 좌표를 잃었으며 방향을 상실하고 말았던 것이다. 그 뒤로 2개월은 엉망이었다. 나는 고민했다. 또 후회에 후회를 했다.

그러다가 얼마 후엔 집사람을 설득해 둘이서 용서를 빌기 위해 엄 장로님을 찾아갔다. 장로님은 처음엔 얼굴도 돌린 상태였다. 두 번 세 번 빌었다. 아들 같은 목사가 아버지 같은 장로님한테 너무 심하게 했다고 용서를 구하였다. 그랬더니 장로님이 휙 돌아보더니 나를 덥석 껴안으면서 "목사님, 저 천당 좀 보내 주시오. 목사님들 마음 아프게 한 모든 잘못이 저 때문입니다."라고 말씀하셨다. 그는 단순하고 솔직했다.

나는 장로님의 성격을 잘 파악하며 자주 장로님과 함께 좋아하는 해물탕도 먹으면서 가까워졌다. 장로님은 한 번도 나에게 식사 값 낼 기회를 주질 않았다. 만사가 좋은 관계가 되었다. 나는 엄 장로님에게서 '스펀지'를 생각했다. 내가 부드러우니까 장로님도 부드러웠다. 나는 장로님에게 사랑을 많이 받았다. 나중 1983년도 미국 유학을 샌프란시스코 신학대학원으로 가서 박사학위 공부도 했다. 2002년도 총회 부총회장 출마를 결심하면서 엄 장로님을 먼저 만나 상의했다. 적극적이었다. 물질로도 약간의 도움과 용기를 실어 주셨다. 나는 목회를 스펀지처럼 해야 한다고 말하고 싶다. 스펀지가 부드럽지만 질기듯이 목회가 그렇다고 본다.

파도는 올라타야지 맞서면 물에 빠지는 법, 목회는 늘 부드러우면서도 질겨야 잘 할 수 있다는 지론을 배우게 된 것이다.

"또 새 영을 너희 속에 두고 새 마음을 너희에게 주되 너희 육신에서 굳은 마음을 제하고 부드러운 마음을 줄 것이며"(겔 36:26).

퇴근 때마다 교회당에서
기도하신 지명철 장로님

  나는 장로회신학대학교 신대원을 67기로 졸업하고, 스위스 바젤대학교에 유학하여 구약학 전공으로 신학박사학위를 받았다. 1978년에 경남노회에서 목사안수를 받았으며, 그 후 1979년부터 장로회신학대학교 구약학 교수로 부르심을 받고, 2004년 9월까지 봉직하다가 동년 10월부터 본교 총장으로 임무를 맡아 현재까지 이르고 있다.

  그러나 개 교회에서 정식으로 목회 활동의 기회가 없었다. 본 교단 신학대학교 교수는 적어도 3년 간 목회 경험이 있어야 한다는 규정에 따라, 덕수교회에서 개척하고 경기노회에 속한 당시 미자립교회인 고당교회에서 1987년부터 1990년까지 담임목사로 약 3년 간 목회 경험을 쌓은 적이 있다. 고당교회는 미자립교회였기 때문에 장로님은 없었고, 집사님 몇 분과 권찰님들이 목회에 협력하고 격려해 준 기억이 남아 있다.

신학대학교에서 지금까지 소위 기관목사로 일하면서, 나는 이런저런 계기를 통해 여러 장로님들을 만나고 교제하였다. 그 중에는 정말로 좋은 장로님들도 많이 계시지만, 솔직하게 말하자면 이런 분이 장로님인가 하는 생각이 들 정도로 그 언행이 걱정되는 분도 없지 않았다. 이러한 인간 경험은 물론 장로님에게만 국한되는 것이 아니고, 어떤 직분, 어떤 사람에게나 다 공통적으로 적용되는 일반적인 일이라고 생각한다.

나는 어린 시절에 부친 김경도 목사님이 37년 간 목회하고 현재 원로목사로 계신 진해교회에서 유치원을 다니고, 진해에서 초등학교와 중학교를 마친 후, 고등학교부터는 서울에 와서 공부했다. 진해교회에서 유년주일학교와 중등부를 다녔다.

그 때 어린 시절이지만, 지금까지 기억에 남아있는 장로님들의 모습이 생생하다. 신경식·김운학·한달준·김선량·윤동원·지명철·김종길·이기봉·이기섭·박재을·김달선·서재현·임경섭·신익수·김원근·김만수·김용희·최용태·유태삼·김종덕 장로님들이 그러하다. 내가 진해를 떠난 후에 장립되신 분들은 여기서 일일이 그 이름을 말하지 않았다. 장로님들의 이름을 떠올리면서, 혹시라도 빠진 분이 계시면 어떻게 하나 하는 걱정이 생겼다. 혹시 그렇다면 넓은 마음으로 양해하여 주시기를 바랄 뿐이다.

이 분들 중에서도 지명철 장로님은 그 가족이 진해교회 사택과 마당에서 한동안 이웃으로 함께 지냈기 때문에 그 인상을 지울 수가 없다. 지명철 장로님은 내가 초등학교 시절에 교회마당에서 놀다가 보면, 언제나 직장에서 퇴근해 오시면서 바로 집으로 들어가시지 않고 먼저 교회당으로 들어가서, 마루로 된 뒷자리에 꿇어앉아 기도한 후에야 집으로 가신 것을 기억한다.

나의 외조모 최성희 권사님도 자주 교회당에 들어가 마루 중간쯤 되는 자리에 앉아서 혼자 기도하곤 하셨는데, 지 장로님도 그렇게 기도하셨다. 지 장로님이 평일 저녁 무렵에 퇴근하면서 아무도 없는 교회당으로 혼자 들어가시면, 나는 교회당 뒤편으로 가서 벽의 틈새로 그 안을 들여다보곤 했다. 또한 장로님은 내가 중학교에 다닐 때 피아노 레슨을 받을 수 있도록 재정적인 뒷받침도 해주신 은인이시다. 이러한 선행도 목회자를 사랑하는 주님이 주신 마음에서 우러나온 것인 줄 안다.

하나님은 약속하신 대로 장로님의 가정에 영육간에 복을 주셨다. 장로님 부인인 박순실 권사님은 나의 유치원 선생님이셨는데, 믿음의 어머니로 사랑과 존경을 받는 분이시다. 지 장로님은 딸 넷을 낳고, 막내로 아들을 낳으셨다. 그

아들이 장성하여 서울대 의대를 졸업하고 소아과 개업의를 하다가, 소명을 받아 장신대 신대원을 졸업한 후에 목사안수를 받고, 현재 목회를 하고 있다.

"완전히 행하는 자가 의인이라 그 후손에게 복이 있느니라"(잠 20:7).

내가 존경하는 이규현 원로장로님

목회를 시작한 지 27년의 시간이 흘렀다. 지금까지의 목회가 하나님의 은혜와 인도하심의 결과임을 고백한다. 지나간 목회를 돌아보면 치열했던 순간, 행복했던 시간, 고민과 갈등의 시간들, 감동의 시간 등이 주마등처럼 지나간다.

목회는 수많은 성도들과의 만남으로 이루어진다. 목회현장에는 함께 기도하며 희생하며 섬겨 주셨던 영적 지도자들의 순수한 사랑과 헌신이 있었다. 이 분들의 순전한 사랑과 뜨거운 신앙, 깊은 인격과 경건한 삶은 부족한 목회자를 위한 값진 가르침이었다.

필자의 목회에 큰 영향을 주셨던 분은 현재 목회 중인 무학교회의 이규현 원로장로님이시다. 현재 93세이신 장로님은 평북 철산에서 일찍이 복음을 받아들이셨고, 부모님 밑에서 철저한 신앙 훈련을 받으셨다. 신앙의 자유를 위해 6.25 직전에 월남하신 후 무학교회를 섬기셨다. 장로님은 강직하고 불의를 참지 못하시며 급한 베드로와 같은 성격의 소유자이시다. 일곱 자녀들을 온전한 신앙 교육을 위해 명문 고등학교보다는 미션 스쿨에 보내실 정도로 신앙 우선의 원칙으로 평생을 지내셨다. 교회를 지극히 사랑하며 믿음의 본을 보이신 이규현 원로장로님은 모든 성도들에게 존경의 대상이시다.

제주영락교회에서 15년의 목회를 마치고 무학교회에서 시작한 목회는 여러 가지 갈등과 문제점들을 안고 있었다. 문제의 근원은 교회와 성도들이 아니라 오히려 목회자인 필자이었음을 오랜 시간이 지난 후에 깨닫게 되었다. 새 목회지의 성도들 형편을 헤아리고 사랑과 기다림으로 목회하기보다는 이전 교회의 목회 경험과 고정적인 시각으로 급격한 개혁과 부흥을 시도하였던 것이다. 목회자의 일방적인 목회에 대해 교회 안의 반대와 불만이 터져 나온 것은 너무도 당연하였다.

이때 중재에 나선 분이 바로 이규현 원로장로님이셨다. 이미 은퇴하셨던 이 장로님은 종종 별 약속 없이 목양실을 찾아오셨다. 목양실에 들어서시는 장로님을 보면 마음속에 평안과 사랑이 느껴지곤 했다. 그것은 장로님께서 평소에 늘 교회와 목회자를 위해 사랑과 믿음으로 오래 기도하시는 분이라는 신뢰가 있었기 때문이다. 장로님은 목회를 위해 수고한다며 격려를 아끼지 않으셨다.

장로님 말씀은 젊은 목회자에게 늘 위로와 힘이 되었다. 목회를 하는데 어려움이 있는지 알아보시고 전통적인 교회가 급격하게 변화를 가져올 때의 교회적인 고충을 말씀하시곤 하셨다. 장로님은 아들 같은 목회자를 존중하셨고 가급적이면 지원하려는 중심을 가지셨기에 상담자의 역할을 하셨다.

때때로 설교에 대한 조언도 아끼지 않으셨다. 설교에 대한 조언은 쉽지 않지만 장로님 말씀은 언제나 사랑으로 마음에 들려왔기에 좋은 충고와 개선의 기회가 되었다. 장로님의 설교에 대한 조언으로 인해 설교가 성도들과 호흡을 나누는 실제적 설교가 되어간다고 느껴졌다. 특히 장로님의 대표기도는 늘 목회자의 마음에 감동을 주었다. 90세 가까이 되시도록 총명하시고 흐트러짐이 없는 음성으로, 성령의 감동으로 기도하실 때면 무학교회의 오늘이 있기까지 눈물로 기도하신 영적 지도자의 믿음이 가슴 깊이 느껴진다.

잊을 수 없는 일은 때때로 교계의 지도자들과 자리를 만드시고는 필자와 아내를 초대하신 것이다. 기드온 사역, 노회와 총회 등 평생 많은 교계 활동을 하셨던 장로님은 폭넓은 인간관계를 가지셨다. 본 교회의 목사를 격려하고 좋은 기회를 주려는 배려 차원에서 초대를 하신 것이다.

목회에 용기를 갖고 나가도록 격려하시는 장로님을 대할 때마다 주님의 사랑을 깊이 느끼게 된다. 종종 어렵고 힘들어 할 때면 조용히 노크하시고 들어와 격려하시던 장로님의 모습이 떠오른다.

이규현 장로님과 같은 신앙의 모범이 되는 분이 계시기에 오늘의 무학교회가 있고 부족한 필자도 이 자리에 있을 수 있다. 장로님께서 항상 건강하고 평안하시기를 두 손 모아 기도드린다.

"서로 돌아보아 사랑과 선행을 격려하며" (히 10:24).

후덕함으로 목회를 도와주신 김동희 장로님

1975년, 내가 시골 교회 목회를 청산하고 35세 나이로 부임한 홍익교회는 목회 면에서 보면 너무나 허술하기 짝이 없었다. 주일예배와 수요예배만 있을 뿐이고, 언제나 교회당 문이 잠긴 채, 새벽기도회나 구역예배, 금요 철야기도회도 없었다. 개척교회나 다름이 없었다. 나는 부임하자마자 새벽기도회, 구역예배, 금요기도회, 특별 성경공부 등등, 일반 목회부터 시작했다. 그러한 때에 큰 힘이 되어 주신 김동희 장로님을 포함한 몇 분이 계셨다.

김동희 장로님은 큰 아드님이 나와 동갑일 정도로 내게는 아버지뻘이었다. 그럼에도 젊은 목회자의 의욕을 북돋워 주시기 위해 항상 앞장서서 봉사하셨다. 연말이나 명절 때는 뚝섬에 위치한 김 장로님 댁에 전 교인을 초청하여 친교 윷놀이도 벌이고 푸짐한 음식을 나누도록 하셨으며, 또 여름성경학교 때는 교사들을 대접해 주시는 등 교인들

결속에 큰 몫을 해주셨다.

　가내 공업을 하시므로 다소 부유하신 편이셨으나 봉사나 대접은 돈이 많다고 할 수 있는 것이 아니기에 참 귀한 모습이었다. 또한 청년들이나 교사들이 기금 마련을 위한 사업을 할 때에 부족한 자금을 대주시기도 하고, 교우들 중에 극빈자들이 장로님을 통해서 은밀히 도움을 받았다는 이야기를 전해들을 때마다 목회자인 내게는 적지 않은 위로가 되었다.

　장로님이 우리 교인들에게 보여 주신 가장 귀한 것은 모범적인 가정의 본이다. 세 딸을 먼저 성가시킨 후, 다섯 아들을 결혼시킨 후 공장 옆 부지에 연립주택을 건축하고 모두 함께 살았다. 핵가족 풍조와는 너무도 대조적인 모습을 보여 주기도 하셨다. 그러면서 부모님께는 효도를 다하셨다.

　장로님은 6·25 사변 때 부인과 자녀들을 먼저 고향인 충북 괴산으로 보내고, 직접 노모님을 자전거에 태워 괴산까지 모시고 내려가실 정도였다고 한다. 그리고 어머니를 끝까지 모셨을 뿐 아니라 부인 장진분 권사님이 막내딸임에도 장모님까지 모시는 귀한 모습을 보여 주셨다.

　그는 늘 간증하기를 "우리 가정이 하나님께 많은 복을 받은 것은 부족하나마 부모에게 효도한 탓"이라고 하신다.

그리고 한 건물에 여섯 가정이 사는 가운데 큰소리 한 번 안 나도록 가정을 다스리셨다. 또한 시집간 세 따님 중 두 분이 목회자 사모님이 되셨는데 그 사위 중 한 분이 우리 통합측 교단의 증경총회장이신 김순권 목사님이시다.
   그리고 아버지의 대를 이어 둘째 아드님이 지금 시무장로님이시며 식구들 대부분이 앞장서서 충성 봉사하고 계신다. 실로 장로님은 에베소서 6:1~4에 기록된 말씀과 같은 삶을 교우들에게 보여 주셨다.
   장로님께서는 매일 새벽 4시만 되면 자전거를 타고 뚝섬 강가에 나가 조용히 기도하기를 오랜 세월 동안 계속해 오셨다고 한다. 그렇다면 가정의 화목은 바로 그러한 기도 응답의 소산이 아니겠는가? 가정에 큰 문제가 생길 때마다 아브라함처럼 하나님께 가슴을 열고 기도하였기에 하나님께서 합력하여 선을 이루게 해주신 것이다.
   김 장로님은 매사에 적극적이고 진취적인 사고방식과 지혜로움 그리고 후덕한 자세로 목회를 적극 도와주셨다.
   1982년에는 건축 위원장을 맡으셔서 어려운 조건에서도 아름다운 교회당을 지어 봉헌할 수 있게 하시는 등, 나의 부족한 면을 많이 보충해 주심으로 교회가 지금까지 성장하는 데 큰 밑바탕이 된 분이다.
   35세의 미숙하기 그지없는 목회자임에도 깍듯이 대하는

겸양의 모습 앞에 늘 송구스러움이 떠나지 않았다. 때로 나는 젊은 목회자로 모든 일을 너무 밀어붙여서 부작용도 많았고, 난관에 부딪힐 때도 많았으며, 제풀에 지쳐서 스스로 좌절할 때도 많았다. 그때마다 조용히 찾아 오셔서 격려해 주셨을 때가 얼마나 많았던가? 그렇지 않았다면 지금 홍익교회의 담임목사로서, 30년 이상의 장기 목회를 하지 못했을 것이다.

"오직 너희는 그리스도 복음에 합당하게 생활하라 이는 내가 너희를 가보나 떠나 있으나 너희가 일심으로 서서 한 뜻으로 복음의 신앙을 위하여 협력하는 것과"(빌 1:27).

나의 두 번째 아버지, 나석호 장로님

흔히 리더십 유형을 말할 때 독재형, 민주형, 방임형으로 나누기도 하고, 혹은 업무지향적인가, 관계지향적인가로 구분하기도 한다. 세상에서는 리더십을 발휘하기 위해서 뭔가를 잘해야 한다고 생각한다. 누구보다 많은 지식과 경험이 있어 그 분야에서 뛰어나야 한다고 생각한다. 그러나 신앙인으로서 우리의 관심사는 역시 예수님은 어떤 리더십을 보여 주셨는가이다. 웨스트민스터 신학대학원 대학교의 김광건 교수의 지적에 따르면 예수님의 리더십 핵심은 다름에 있다. 예수님의 리더십은 다름의 리더십이었다.

영적 리더십은 양적인 요소에 있기보다 질적 요소에 달려 있다. 얼마나 질적인 차이를 보여줄 수 있는가에 따라 그 영향력이 결정된다는 것이다. 예수님은 달랐다. 그 분의 생각, 그 분의 말씀, 그 분의 행동은 세상 지도자들과 달랐다.

아내와 결혼하면서 내게 또 한 분의 아버지가 되신 분,

나석호 장로님이다. 얼마 전 가족들을 통하여 그 분의 다른 면모를 들을 수 있었다.

유신헌법과 긴급조치 등을 반대하던 데모 열기가 뜨겁던 1970년대 초반, 장로님은 장로회 신학대학교에서 교회행정을 가르치셨다. 그 클래스에는 당시 장로님이 출석하시던 금호중앙교회 H전도사님이 계셨다.

어느 날, H전도사님이 수업에 보이지 않자 궁금히 여기신 장로님은 그에게 무슨 일이 있느냐고 물으셨다. 장로님이 알게 된 사실은, 당시 학생회 임원을 맡고 있던 H전도사님이 데모에 앞장섰다가 징계를 받아 학업을 계속할 수 없게 되었다는 것이다. 뿐만 아니라 이런 사유로 징계받고 학교를 마칠 수 없다면, 설혹 졸업을 한다 하더라도 그의 경력에는 큰 오점이 남게 될 일이었다. 장로님은 이것을 걱정하셔서 그 길로 담당자를 찾아가 말씀하셨다. 그런 일로 한 젊은이의 앞길을 막는 것은 너무 가혹한 처사이고 H전도사님은 그런 일로 인해 장래가 어두워져서는 안 되는 사람이라고. 그의 인격과 진실과 가능성은 내가 보증한다는 말씀으로 H전도사님을 위해 강력히 호소하셨다고 한다.

그 덕분에 H전도사님은 무사히 신학교를 졸업하고, 오늘도 목회 일선에서 땀 흘리고 계신다. 사실 누군가를 위해 보증을 선다는 것은 쉽지 않은 일이다. 더구나 한 사람의 인격과 진실과 장래까지 보증한다는 것은 대단한 책임과 위험을 감수하는 일이다. 그러나 장로님은 자신의 이름과 명예를, 아직 아무도 알지 못하는 한 젊은 신학생을 위해 내맡기셨다. 생각해보면 흔히들 이렇게 반응하지 않았겠는가? 그런 사람인줄 몰랐다고. 그렇게 과격하고, 치우친 사람에게 어떻게 전도사의 일을, 그리고 우리의 자녀들의 신앙을 맡길 수 있겠는가? 게다가 그가 어떤 사람이며, 앞으로 어떻게 될 줄 알고 내 이름을 걸겠는가 하고 말이다.

사실, 그렇게 처신했다 해서 비난받을 일도 아니었을 것이다. 그러나 장로님은 아무도 그를 도우려하지 않을 때 홀로 나서 그의 보증인이 되어 주셨다. 마치 바나바가 모두에게 환영받지 못했던 바울의 후원자를 자처했듯이, 또 그런 은혜를 입은 바울이 훗날 주인에게서 도망한 노예 오네시모의 후원자가 되었듯이, 장로님에게도 그런 리더십의 향기가 난다. 정죄하고, 판단하고, 가르치려는 리더십이 아니라 믿어 주고, 덮어 주고, 품어 주고, 기대하고, 세워 주는 리더십이다. 바나바의 리더십이요, 예수님이 보여 주신 리더십이다.

장로란 'elder' 곧 어른이라는 말이다. 인생과 믿음에 있어 어른의 역할이 기대되는 자리이다. 건강한 어른은 의심하기보다 믿어 주는 사람이다. 드러내기보다는 품어 주는 사람이다. 그리고 깎아 내리기보다는 세워 주는 사람이다. 그런 부모 밑에서 자라는 아이는 건강하다. 그런 어른 밑에서 우리는 인생의 지혜를 배운다. 나의 또 한 분의 아버지, 나석호 장로님은 그런 어른의 향기, 그런 리더십의 향기가 난다. 그저 하루하루 연수가 더하시며 약해져만 가시는 것이 못내 아쉬울 뿐이다.

"화평케 하는 자들은 화평으로 심어 의의 열매를 거두느니라"(약 3:18).

노방전도 설교자 노재헌 장로님

노재헌 장로님을 기억할 수 있는 사람들은 별로 많이 살아계시지 않는다. 그러나 그의 신앙생활을 기록하여 남기는 것은 많은 의미가 있다.

그는 1904년 출생하여 1963년에 영락교회의 장로로서 소천하셨다.

아홉 살에 마을 서당 선생이 되신 노재헌 장로님은 젊어서는 매일신문에 수십 편의 시를 기고하였고, 춘구(春丘) 호를 갖고, 노춘구 이름으로 시를 출판하기도 했다. 마포삼열(새무엘 마휏) 선교사의 성경반에서 성경공부를 하신 지금의 부인 정재숙(암전) 권사와 결혼하여 신앙을 전수받으셨다. 정재숙 권사의 아버님은 신의주와 용천 사이 가봉 마을에 가봉장로교회를 건립하셨다.

본인이 소유한 목화밭에 예배당을 지으셨고, 목사님은 한 달에 한두 번 오셔서 예배를 인도하고, 교회를 떠나셔서 찹쌀 전을 정성으로 만들고, 손수 담근 포도주를 마련하여 성찬식 준비를 하셨다. 신의주 제이장로교회에서 32세에 장로로 장립하여, 한경직 목사님을 모시고 교회를 섬기셨다. 신의주 제일장로교회는 윤하영 목사님이 계셨다. 지금 신의주 제일장로교회는 없어지고, 결핵요양치료병원이 세워져서 북한동포의 결핵을 치료하는데 현재 영락교회가 지원을 하고 있다.

1944년 서울 재동으로 이사를 한 후, 1945년 12월 월남하시는 한경직 목사님과 이재명 장로님 등 27명이 모여서 첫 예배를 드림으로 베다니교회(현 영락교회의 전신)가 세워졌고, 노재헌 장로님이 첫 번째 장로로 시무를 하였다.

예배 후에는 탑골공원에서 2,30명의 평신도들이 나팔과 북과 악기들을 연주하면서 예배를 드리고, 노 장로님은 매주 토요일에 많은 책을 참고하면서 정성들여 준비한 원고를 갖고 설교하신 후, 모여든 사람들에게 그 자리에서 개인 전도를 하여 교인들을 증가시키는 일을 수십 년 간 하셨다. 장로님이 소천하신 후 여러 대의 트럭으로 신앙서적들을 운반해야 할 정도로 많은 신학서적들을 소유하셨다. 설교를 노트에 적으셨는데 그 노트를 쌓은 높이가 큰 어른의 무릎을 넘어갈 정도로 많이 남기셨다.

영락교회가 부산으로 피란을 하고 제주도로 다시 피란을 가서도 새벽기도에 열심이셨고, 마침내 제주영락교회와 부산영락교회가 건설되었다. 부산영락교회의 당회 서기로 봉사하면서 직접 쓰신 당회록이 아직 영락교회 도서실에 기증되어 있다. 영락교회 노방전도대는 오랜 역사적인 전통을 갖고 탑골공원에서 주일 오후에 예배와 전도를 계속하는 그 중심에는 노재헌 장로님의 봉사와 설교가 있었다. 정재숙 권사(로스엔젤레스 영락교회 권사)는 상례부, 봉사부에 열심이셨고, 달동네에 쌀을 나누어 주시며, 헌 옷들을 모아 단추를 달고, 기워서 가난한 가정에 나누어 주는 일들을 밤을 새워 가면서 하셨다. 그리고 2년 동안 가장 많은 가정을 전도하여, 등록을 하게 한 전도공로상도 받으셨다.

노 장로님은 대예배에서 기도하실 때마다 눈물을 흘리면서 기도하시어 '눈물의 기도자'로 소문이 났다. 한 민족이 동족들과 전쟁을 하면서 서로 죽이고 살상하는 모습을 보면서, 기도할 때마다 회개의 눈물이 나오셨던 것이다.

영락교회의 본당, <머릿돌> '김응락 장로 순교비' 뒷문에 남아 있는 '영락교회' 문패는 노 장로님이 붓으로 손수 쓰신 서예작품이다. 그는 경기도 사능 영락동산 8단지 한

경직 목사, 윤하영 목사님들의 묘와 더불어 모셔져 있다. 정재숙 권사는 미국 라성 영락동산에 잠들어 계신다.

"오직 성령이 너희에게 임하시면 너희가 권능을 받고 예루살렘과 온 유대와 사마리아와 땅 끝까지 이르러 내 증인이 되리라 하시니라" (행 1:8).

느티나무같이 큰 그늘 김학진 장로님

　지금 필자가 시무하는 유성장로교회는 일찍이 20여 년 전 전임전도사로서 첫 사역을 시작했던 곳이다. 하나님께서는 그 신묘막측한 섭리로 다시 이곳의 담임목사로서 부르시어 목양하게 하셨다. 그동안 지나간 세월은 장장 강산이 두 번 바뀔만한 광음…….

　그런데 내가 다시 부름 받아 왔을 때, 젊었던 청년 사역자가 기억하던 그 시절로부터 지금에 이르기까지 유성장로교회의 평신도로서는 아주 큰 그늘을 드리우셨던 한 장로님의 그 여전하신 모습을 다시 접하게 되었다. 그 분은 바로 김학진 장로님이시다.

　신학교를 갓 졸업한 신출내기 전도사가 가까이 하기에도 어려웠던 대쪽 같은 풍모, 그리고 긴긴 삶의 여정이 켜켜이 쌓여 이룬 놀라운 신앙적 관록, 모든 제직들 앞에서 늘 솔선수범하시는 자기헌신과 실천……. 바로 이러한 모습들이 김학진 장로님으로부터 여태껏 내가 기억하는 것들인데, 내가 다시 이곳을 밟았을 때도 여전히 그러한 모습을 지닌 채 또 다른 세월을 지내고 계시던 중이셨다. 팔순이 훌쩍 넘어서신 그 분께는 아무래도 예전 같은 근력과 당당함은 찾아보기 어렵지만, 하나님의 일, 교회의 일이라면 역시 그 부리부리한 눈을 반짝이시며 무엇인가 더 할 수 있는 일이 없을까 고대하시는 모습은 예전이나 지금이나 한결같았다.

내가 이곳에 부임하여 새로운 부흥과 활력을 도모하기 위해 교회의 모든 유무형의 전례들과 관습들을 갱신하려 전전긍긍하던 중, 내 마음 한편에는 어둑어둑한 조명 아래 위압적으로 설치되어 있는 검붉은 강대상을 좀 바꾸어 보고 싶은 소박한 욕심이 있었다. 변화와 쇄신을 위해 무엇인가 바꾸어 보려 해도 딱히 뭐라 할 수 없는 부동(不動)의 습관들이 있는 전통교회라는 것이 담임목회자의 마음을 가로막고 있었다.

그런데 교회의 반세기 역사와 더불어 살아오신 김학진 장로님은 어떻게 이 목회자의 마음을 아셨던지 그 모든 제직들의 찬반의 논란들이 발생하기에 앞서 친히 "강대상을 바꿔야 한다"고 목소리를 내셨던 것이다. 교회의 큰 어른, 원로장로님께서 그렇게 하시자니 그 누가 쉽사리 가로막기도 어려운 터, 아예 김 장로님은 당신이 모든 강대상을 헌물하시겠다고 하셨다. "목사님, 기왕 하시는데 최고 좋은 것으로 하십시오." 장로님은 열심히 카다로그를 바라보며 행복한 고민을 하고 있는 나에게 그렇게 말씀하셨다. "장로님, 이것들 대단히 비싼 것들입니다." 두 개의 강대상과 성찬상, 강단 의자들, 지휘자의 보면대 등을 크리스탈 재질로 바꾸는 시점에서 적잖은 걱정이 들던 차에 나는 우려 섞인 말씀을 건넸다. 그러나 장로님은 "걱정하지 마세요. 다 아버지 것인데…… 좀 대패질을 하면 다 됩니다." 하시며 여유로운 웃음마저 보이셨다. 여기서 대패질이란, 큰 현찰도 없으신 당신께서 신용카드로 헌물하시겠다는 뜻인데, 김 장로님 특유의 유머 감각이 드러나는 대목이다.

우리 김학진 장로님은 50여 년 간 유성지역에서 한의학으로 인술(仁術)을 펼쳐온 한의사이시다. 그 분은 최초로 이곳 유성장로교회에서 서리집사로 세움 받게 된 즈음, 부산영락교회에서 찾아오신 이세진 권사님으로부터 필생을 간직할 말씀을 얻었다. 바로 "너희 몸을 하나님이 기뻐하시는 거룩한 산제사로 드리라"는 말씀으로 시작되는 로마서 12장 전체의 말씀이다.

장로님은 평생을 이 말씀대로 살기를 힘쓰셨다고 한다. 그래서 생업으로 주신 한의사 직(職)을 이웃사랑의 실천을 위한 큰 도구로 살아오신 분이시다. 지금도 국내에서나 세계 도처에서 당신의 의료선교가 요구되는 곳이라면 밀림이든 사막이든, 공산권이든 반정부 게릴라가 출몰하는 지역이든, 어디든 달려가셔서 젊은 의사들도 감당하기 어려운 나날들을 채우시고 돌아오신다. 한의학을 공부하고 있는 손자를 데리고 토요일 오후가 되면 어김없이 찾는 곳이 있다. 대전역이다. 대전역을 오가는 사람들과 어려운 사람들을 진료하는 기쁨을 놓칠 수 없기 때문이다. 하나님은 이런 장로님의 삶을 책임져 주신다고 간증한다. 국내나 해외 의료선교를 위해 당신의 '성제한의원'을 며칠, 몇 주를 비우더라도, 돌아와 보면 오히려 하나님께서 평균 이상의 수입으로 채워놓으신다는 사실이다. 그래서 장로님은 늘 말씀하신다.

"저는 내 직업과 의료선교를 천직으로 주신 사명으로 알고 삽니다. 장로든, 한의사든 하나님 앞에서 얻은 직분이므로 죽도록 충성하는 것입니다."

또 이런 말씀도 하십니다. "드릴 것을 하나님께 드리지 않거나, 해야 할 것을 하나님을 위해 하지 않는다면 하나님은 강제집행하십니다." 이 말씀은 처음 성전을 건축한 후 얻은 신앙고백이다. 처음 성전을 건축한 후 남은 부채를 교회가 감당할 수 없을 때 장로님은 한의원에서 얻은 수입 전부를 이자 갚는데 사용하느라 생활비를 주지 못해 권사님이 손수 생활비를 위해 행상을 하셨다고 한다.

　더 이상 이런 생활을 계속하기가 어려워 장로님 소유의 논 절반을 팔아 교회 부채를 갚으셨단다. 이때부터 장로님은 강제집행하시는 하나님, 그리고 축복하시는 하나님을 간증하신다.

　김학진 장로님은 건강이면 건강, 물질이면 물질, 자손이면 자손으로 얼마나 큰 축복을 받아 누리시는지 살아계신 하나님께서 신실히 그 교회를 섬겨오는 일꾼에게 얼마나 큰 복과 은혜를 내려주시는가 증거하시는 유성장로교회만의 자랑이시다.

　이 모든 삶의 원동력은 새벽기도에 있다고 하신다. 내외분과 대를 이어 장로, 권사가 된 아들 내외가 새벽을 깨워 교회를 섬기신다. 비가 오나 눈이 오나 추우나 더우나 새벽을 깨워 기도하신다. 바라만 보아도 존경스럽고 행복하기만 하다. 언제나 목회자 편에서 힘이 되어 주시는 장로님이 계셔서 행복하다. 유성교회의 담임목사로서 김학진 장로님과 같은 신실한 주의 일꾼들이 무수히 많이 나오기만을 기도한다. 장로님의 주님 사랑과 교회 사랑 이야기는 끝이 없다.

　아무쪼록 우리 교회의 큰 어른 김학진 장로님께서 맡은 바 소임을 다하기까지 건강하시고 오래오래 우리 곁에서 느티나무 같은 큰 그늘을 드리워 그 아래서 많은 신앙적 후배들이 그와 필적할 만한 신앙적 결단과 열매가 있기를 바란다.

"네가 죽도록 충성하라 그리하면 내가 생명의 면류관을 네게 주리라"(계 2:10).

한국 초유의 전도왕 권경식 장로님
(3170명 전도)

안강에 부흥집회를 인도하러 갔다가 안강제일교회를 섬기시는 권경식 장로님을 만났다. 권 장로님은 영혼구원에 대해 특별한 열정을 쏟고 계시는 분이다. 전도가 생활화되어 있는 분이셨다.

권 장로님이 예수를 믿게 된 동기는 1985년도 6월에 형님이 교통사고로 돌아가셨는데 그때에 안강제일교회에서 정성껏 장례 절차를 도와주는 것을 보면서 큰 감동을 받았기 때문이다. 그 후 예수 믿기로 결심을 하고 아내 손에 이끌려 38세의 늦은 나이에 예수님을 구세주로 받아들였다.

1989년에 세례를 받고 이어서 100일 작정 새벽기도를 시작하면서 큰 은혜를 체험했다. 그 이듬해인 1990년에는 교회에서 실시한 '예수초청 큰잔치'에 무려 3170명의 사람들을 초청하는 전도 왕이 되었다.

'대한민국 최고의 전도 왕이 되자.'는 목표로 '예수초청 큰잔치'에 3천 명을 전도하기로 마음먹었다. 그런데 막상 전도를 해보니까 생각처럼 쉽지 않았다. 남자들은 그나마 전도 초청장을 잘 받는데 여자들은 그냥 지나쳐 버리기 일쑤였다.

'어떻게 하면 여자들에게도 전도를 잘 할 수 있을까?' 고민하고 기도하던 중에 아내가 "당신은 예비군 중대장이니까 군복을 입고 다니면 전도가 잘 될텐데, 왜 사복을 입고 다녀요?"라고 지적해 주었다. 그때부터 아내의 말을 듣고 군복을 입고 초청장을 내밀자 놀랍게도 아주머니들이 너무나 친절하게 응해 주는 것이었다.

그 날부터 '예수초청 큰잔치' 당일까지 군복을 벗지 않았다. 얼마나 열심히 전도했던지 전도하는 42일 동안 아침밥을 먹지 못했다. 새벽기도를 마친 후, 7시30분까지 전도를 하고나면 8시에 시작하는 예비군 교육을 바로 진행해야 했기 때문이다. 오후 5시에 퇴근하여 전도하고 집에 돌아오면 시계는 벌써 저녁 10시를 가리키고 있었다. 간단히 저녁을 먹고, 다음날 전도할 곳을 계획하고 일기를 쓰고 나면 12시가 넘는다. 그러다보니 잠은 고작 3~4시간밖에 자지 못했다. 새벽 4시부터 5시 사이에는 24시간 연속 기도회에 참여하여 자신의 몫을 감당해야 했기 때문이다. 비록 시간이 부족했지만, 42일 동안 한 번도 3천 명을 전도하지 못한다는 생각을 해본 적이 없다. 하나님은 약속의 하나님이시기 때문에 3천 명을 보내 주신다는 언약의 말씀을 굳게 믿었다. '믿는 자에게 능치 못할 일이 없다.'는 성경말씀을 통해 늘 새로운 힘을 얻었다.

교회에서 받은 초청장 5천 장이 부족해서 개인적으로 2만 장을 추가로 더 만들었다. 1990년도에 안강읍 인구가 3만 5천 명인 것을 감안하면 동네 주민의 절반 이상에게 초청장을 나누어준 셈이다.

'예수초청 큰잔치' 당일에는 안강 읍내 전역에 버스 14대를 운행하고, 식당 두 곳을 선정하여 안강 지역 전 주민들이 잔치에 참여하는 기쁨을 맛볼 수 있도록 도왔다.

안강제일교회 전 성도가 최선을 다한 결과, 무려 8837명이 잔치에 참여했고 그 중 2007명이 결신하는 기적을 이뤄냈다.

권 장로님은 전도를 계기로 교인들에게 인정을 받아 예수 믿은 지 12년 되는 해인 1997년 4월 6일 안수집사로 임직을 받게 되었고, 그 후에도 계속해서 열심히 전도하던 중에 2006년 10월 21일에는 장로로 임직을 받았다.

안강제일교회는 역사가 100년이 넘는 교회이기에 권경식 장로님 같이 신앙 연륜이 짧은 분이 장로가 된다는 것은 현실적으로 어려운 일이다. 그럼에도 불구하고 하나님께서는 그에게 장로의 중임을 맡기셔서 교회 안팎으로 전도에 대한 열정을 불어넣으셨고, 많은 교회에 거룩한 영향력을 끼치게 하셨다.

권 장로님은 '예수초청 큰잔치'를 통해 전도에 대한 확신을 얻어 본격적인 생활 전도에 돌입했다. 예비군 중대장 신분을 십분 활용하여 군부대 1개 중대를 복음화시키고, 방위병 및 사병 5백 명을 전도하여 세례를 받을 수 있도록 도와주었다.

이들을 전도하기 위해 생일 축하 편지를 매년 2천 명 예비군 전원에게 15년 간 발송하였다. 또한 희망지 신문을 직접 만들어 편지와 함께 보내 주기도 했다. 낙심에 빠진 교도소 환자들에게도 편지를 정기적으로 보내주었다. 일반 장년들 전도에 17년 간 감사 편지, 이슬비전도 편지를 적극 활용하였다. 최근에는 어린이 전도에 큰 관심을 갖고, 2백 명을 목표로 전도하고 있다.

2007년도에는 500명을 목표로 매일 전도에 힘쓰고 있고, 벌써 200명을 개인적으로 전도하여 결실을 맺었다.

권 장로님은 교회 안에서만 충성하는 것이 아니라 자신의 전도 경험을 전국의 교회와 공유하기 위해 지난 15년 간 1,200여 교회의 초청을 받아 전도 간증을 하였다. 또한 방송 언론 매체를 통해서도 전도 간증을 꾸준히 하고 있다.

「발바닥 전도」라는 자신의 저서를 통해 '예수초청 큰잔치'에 대한 42일 간의 생생한 경험을 기록하여 전도에 많은 도전을 주었다.

장로님은 섬기고 있는 안강제일교회 안에서만이 아니라 교회 밖 지역사회에서도 장로의 본분을 다하기 위해 애쓰고 있다.

예비군 중대장 재직 당시에 '큰 교회 장로들조차 지역사회 일에 너무 무관심하다.'는 핀잔을 많이 들어왔었기에, 지역사회와 함께 호흡하는 장로를 꿈꿔 왔다.

2005년 35년 간의 군 생활을 정년퇴임하면서 사회봉사단체 등 대회를 창립하여, 무의탁 노인을 모시는 사랑의 집 건립운동의 기반을 마련하였다. 또한 독거노인, 소년소녀 가장, 장애인, 환자, 빈곤 가정을 대상으로 무료 급식, 반찬(쌀, 라면, 고추장, 된장), 빵, 음료수 등을 매주 1회 나눠 주고 있다. 또한 가정 형편이 어려운 학생들에게 장학금을 지원하고, 결식아동들을 돕기 위해 노력하고 있다.

이처럼 영혼 구원을 위해 믿음으로 순종하며 노력하는 장로님에게 하나님께서는 많은 은혜와 복을 주셨다. 세상의 부와 명예가 부질없음을 깨달을 수 있는 영의 눈을 갖게 해주셨고, 병원에서도 고치지 못했던 간질환 병을 '예수초청 큰잔치' 이후 포항 남부교회 최이식 목사님 집회에서 치료해 주셨고, 증권과 땅 투기로 진 빚도 깨끗하게 청산하게 해주셨다.

자녀들도 모두 신앙의 유산을 물려받아 열심히 하나님을 섬기는 것이 무엇보다도 감사한 일이다. 그러면서도 언제나 겸손한 모습을 잃지 않고 지금까지 한결같이 영혼 사랑을 위해 전도에 힘쓰고 계시는 장로님을 대할 때에 정말 기쁘고 감사하다.

하나님은 무엇보다 영혼 구원을 기뻐하시고 원하시기 때문에 큰 상을 주시리라 확신한다.

"하나님의 지혜에 있어서는 이 세상이 자기 지혜로 하나님을 알지 못하는고로 하나님께서 전도의 미련한 것으로 믿는 자들을 구원하시기를 기뻐하셨도다"(고전 1:21).

교회를 건축하고 봉헌한 후에 그 교회를 떠나시는 유경화 장로님

유경화 장로님은 6·25전쟁 때 혈혈단신으로 월남한 평안도 분이시다. 월남하여 부산, 대전, 서울로 옮겨 다니며 안 해 본 장사가 없이 닥치는 대로 하여 고생 끝에 오늘에 이른 노력가요, 신앙인이시다. 물론 가는 곳마다 하나님께서 주시는 지혜와 최대한의 노력을 쏟아 부어서 크게 자리 잡은 성공한 사람들 중 한 분이시다.

1956년 3월, 그가 집사 시절에 서울 중앙극장 건너편 을지로 2가 자택에서 6~7명이 모여 예배를 시작하였고, 1957년 봄에 장소를 옮겨 회기동에 있는 경희대 앞 최창덕 목사 셋집에서 6명이 모여 예배하였다. 이때 유 집사는 대지 102평을 교회에 헌납, 그 위에 미군 천막을 치고 성산교회를 출범시켰다. 그 후 설계 건축 과정에서 숱한 난관과 고통을 겪으면서 진행한 건축이 1964년 가을에야 건평 80평의 예배당을 완공하였다. 1965년 4월 15일 노회로부터 성산교회를 성문교회로 변경 허락을 받았다. 그리고 1966년 성문교회 제1대 장로로 장립되셨다. 교회의 터와 건축 벽돌을 헌납하여 건축한 성문교회, 그 주역인 유 장로님은 거기서 자리잡고 안주하지 않으시고, 그 곳을 깨끗이 떠나 동숭교회에서 오랫동안 봉사하셨고 지금은 은퇴 장로이시다. 그는 동숭교회를 시무하시면서 또 다시 공릉동에 교회 지을 땅 130평을 사서 단독으로 아주 크고 훌륭한 교회를 건축하셨다. 1980년에 준공한 록원교회가 바로 그것이다. 헌당예배를 드리고 김진걸 목사께 위임하고는 유 장로님은 역시 깨끗이 떠나 그 교회엔 전혀 가지도 않으신다.

그의 주장은 이렇다. "교회 주인은 하나님이시고 주역은 목사님이신데 주인이신 하나님과 담임목사께 맡길 일이지 건축한 주역이 거기 남아 있으면 텃세하기 쉽고 목회자나 교우들에게 부담을 주게 되므로 나는 깨끗이 떠나는 것이다." 정말 성경적이고 고매한 인격의 표출이다. 지금 유 장로님은 연세가 90이신데도 여전히 건강하게 활동하신다.

여기 또 한 가지 특기할 만한 일이 있다. 그는 교육에도 뜻이 있어 기도하던 중 1974년 남양주에 위치한 한 학교가 문제도 많고 운영도 불가능해 다 쓰러져가는 돈오학원을 인수하여 일류학교로 육성, 미션 스쿨로 만들었다. 그것이 오늘의 명문 동화 중·고등학교이다.

그 학교 출신들 중 많은 이들이 정계, 경제계, 교육계에서 중요한 역할을 담당하고 있을 뿐 아니라 동화학교 출신 목사도 적지 않다는 사실은 그 학교의 기독교 교육이 얼마나 열심인가를 짐작할 수 있다.

작년에는 아주 거창한 강당을 신축하여 봉헌하였는데 그 건물 이름이 '여호수아 홀'이다. 이렇게 그는 철저하게 신앙 본위로 일하신다.

그래서인지 오래전부터 그의 별명은 '여호수아'이다.

지금은 조용히 신앙생활하시면서 동화학원 이사장으로 활동 중이시다. 그 가정은 아주 부요하고 다복하며 자녀들은 아버지 대를 이은 장로도 있고 모두가 충성된 교회의 일꾼들이다.

"성전을 위하여 예비한 이 모든 것 외에도 내 마음에 내 하나님의 전을 사모하므로 나의 사유의 금, 은으로 내 하나님의 전을 위하여 드렸노니"(대상 29:3).

86 목사가 감동한 그 때 그 장로

언제나 교회 건축에 앞장서는 최근용 장로님

최근용 장로님은 6·25전쟁 때 월남하여 부산에서 살며 작은 장사로 시작하여 크게 자리 잡은 노력가요 철저한 믿음의 사람이다. 고향인 평양에서 대를 이어가며 선교사들의 지도를 받아왔고 잠시도 쉬지 않고 활동하는 부지런한 인물이다. 그의 생활 모습을 20여 년간 지켜본 필자로서는 그의 삶의 모습에서 배울 것과 본받아야 할 것이 한두 가지가 아니다.

그는 철저하게 근검절약을 한다. 어떤 때는 좀 지나치다 싶을 정도로 절약한다. 그는 좀처럼 지갑을 열지 않는다. 낭비는 고사하고 결코 쉽게 돈을 쓰지 않는다. 경제문제에 대해서는 누구의 말에도 호락호락 움직이지 않는다.

그런데 그의 신앙은 아주 뜨겁다. 그는 매일같이 가정예배를 드리면서 찬송을 여러 장 부르고 성경도 여러 장 읽는다. 그래서 그는 많은 성경 요절들을 암송하고, 찬송도 여러 장 암송하여 부른다.

때로 여행을 하게 되면 차 안에서 즐거운 분위기를 위해 노래를 부르는데 최 장로님 차례가 되면 의례히 성경을 여러 곳 암송하며 찬송도 많이 부르신다. 그는 지금 90을 바라보는 연세인데도 아주 건강하고 총명하시다. 그의 건강 비결은 많이 걷고 가벼운 운동을 계속하는 것이다. 본인이 시무하고 있을 때는 가깝지 않은 강남 자택에서 교회까지 걸어오실 때도 있을 만큼 걷기를 많이 하신다. 그리고 과일을 즐겨 드신다.

그리고 장로님은 교회 건축에 열정적이다. 동숭교회 본래의 건물은 1970년 10월에 기공하였는데 아무 계획도, 준비도 없는데 느닷없이 "목사님 우리도 새 성전을 지읍시다. 제가 500만원을 내놓겠습니다."라고 제안했고 그대로 한 것이다. 당시의 500만원은 정말 큰돈이었다. 그 때의 담임목사는 서승찬 목사님이셨는데 넉넉지 않은 최 장로님이 500만원을 헌금하신다니…… 대단히 놀랍고 또 반가웠을 것이다.

최 장로님은 교회를 짓고 싶어서 2부 5리의 사채를 내서 헌금하신 것이다. 그런데 교회를 다 지은 후부터 장사도 잘되고 넉넉해졌다. 사채를 내서 교회 건축 헌금한 결과가 오늘의 최 장로님이 되게 한 것이다.

    2005년에 새 성전을 지었는데 그때에도 최 장로님은 서울 오금동에 있는 시가 7억 5천만 원 상당의 104평 대지를 헌납하셨다. 이 같은 그의 교회 건축에 대한 열정과 은사는 누구도 따라올 수 없을 만한 신앙적 봉사로 교회의 새 역사를 만들곤 하였다.

    자신의 개인생활은 아주 절약에 절약을 하면서도 교회를 짓는다 하면 전력을 쏟는 그의 생활철학과 신앙생활은 자손만대에 큰 복의 원인이리라 생각한다.

    "어떤 족장들이 예루살렘 여호와의 전 터에 이르러 하나님의 전을 그 곳에 다시 건축하려고 예물을 즐거이 드리되"(스 2:68).

개척교회 100곳에 신축 벽돌을 헌납한 김익덕 장로님

　동숭교회 김익덕 장로님은 가정이나 사회생활에 있어서 특출나지도, 악착같지도 않은 평범한 생활을 하고 계신다. 그러나 신앙과 봉사 면에서는 누구보다도 앞서가는 모범 장로이시다.
　그의 사생활은 아주 검소하여 매사에 털털하여 된장 냄새가 나는 것 같은 느낌을 준다. 세련된 모습은 찾아보기 힘들다. 그에겐 자가용도 없다. 버스나 지하철이 그의 교통수단이다. 그렇지만 그는 항상 밝고 행복해보였다. 결코 남을 비난하거나 다투는 일이 없으니 그에겐 적이 없다. 누구든지 그를 좋아하며 사랑한다.
　그런데 그의 신앙은 아주 열정적이다. 매일 아침 가정예배를 드리며, 새벽기도회엔 본 교회와 집이 너무 멀어 가까운 교회에 하루도 안 빠지고, 모든 공 예배에도 절대로 빠지는 법이 없다.

그의 봉사생활은 특이하다. 개척교회나 신축하는 교회에 경제적으로 어려움이 있는 것을 아시면 "벽돌은 내가 담당하리라."고 하며 벽돌을 구입하여 헌납하신다. 이런 소문을 듣고 개척하고 신축하는 교회들이 많이 요청해 와서 모두 큰 도움들을 받았다.

그렇다고 해서 그는 부자도 아니며 소시민으로 꾸준히 활동하며 생활하시는 분이다. 이 같은 봉사로 신축된 교회가 교파를 망라하여 전국에 80여 교회나 된다.

특기할 만한 것은 거액을 드려 서울 고덕동에 대지를 마련하고 벽돌로 교회당을 건축하여 하나님께 헌당한 일이다. 그 교회는 동광교회로서 지금은 아주 큰 교회로 부흥하였다. 지금도 교회 100개를 채우지 못해 아쉬워하는 그의 진실하고 겸손한 자세에 머리가 숙여진다.

이렇게 헌신적인 봉사로 한평생을 살아온 그의 만년이 어떠한가. 그 가정이 아주 다복하다.

부인이신 이신일 권사는 건강하고 애교가 있으며, 장남은 공학박사로 한양대 교수이며 동숭교회 장로가 되었다. 차남 역시 공학박사로 서울대학병원에 근무하는 성실한 집사이고, 그의 자부들도 착실한 집사들이다. 장녀와 차녀 모두가 사모로서 믿음 안에서 행복이 넘치는 가정생활을 하고 있다. 아마도 그의 후손들도 더욱더 번창하고 잘될 것이라 믿는다.

그는 평소에 말이 많지 않다. 당회 때에도 자기 주장을 내세우는 말 한마디 한 적이 없다. 내 할 일만 성실히 할 뿐이다. 그의 꾸준한 봉사와 모습은 많은 사람의 귀감이 된다. 그는 지금 동숭교회 원로장로로 후배 장로들을 격려하며, 교우들의 모범이 되어 인격적으로 주는 영향력이 소리 없이 나타나고 있다.

"성실히 행하는 자는 구원을 얻을 것이나 사곡히 행하는 자는 곧 넘어지리라"(잠 28:18).

기회를 만들어가며 봉사하는 김건철 장로님

장로의 손자요, 목사의 아들인 김건철 장로님은 평양에서 월남하신 분이시다. 그 분의 별명은 갈렙인데, 그의 삶과 신앙이 갈렙과 같아서 붙여진 별명이다. 그의 특색은 이렇다.

첫째로 그는 기회만 있으면 봉사할 뿐 아니라 오히려 봉사할 기회를 만들어서 일하신다. 그가 걸어온 봉사의 발자취를 더듬어보면 교계와 일반 사회의 30여 기관과 단체에서 활동을 하셨다.

남선교회 전국연합회 회장, 평신도신문사 이사장, 서울노회 장로회 회장, 전국장로회 연합회 회장, 모스코바 장신대 이사, 서울노회 성서신학원 이사, 한국 장로신문사 발행인, 평안남도 중앙도민회 회장, 평양 축구단 단장, 평남민보 사장, 고당 조만식 선생 기념 사업회 이사, 통일전망대 이사, 몽골 문화진흥원 이사장, 평양고보 총동문회 부회장 (현재). 그 외에도 수십 가지가 있다. 그런데 이것들은 하나의 감투가 아니라 철저한 희생이며 봉사였다. 언제나 기꺼이 사재를 털어 그 기관의 발전과 육성에 힘쓰셨고, 자기 자신은 손해 보는 일만 하셨다.

그러니 얼마나 많은 시간, 재정, 정력을 쏟아 부었겠는지 짐작할 수 있다. 따라서 그가 일을 맡고 있을 때는 그 기관이 활성화되고 성과도 클 수밖에 없음은 당연한 일이다.

둘째는 화평의 사람이라는 것이다. 그를 아시는 분들은 모두 공감할 일인데 그는 항상 웃으며 생활한다. 아주 시원시원하며 많은 사람을 편안하게 해주는 백만 불짜리 너털웃음은 모든 사람을 어우르는 묘약이다. 그리고 언제나 노래를 청하면 사양치 않고 두세 곡 부르며 여행을 하거나 모임이 있을 때는 마이크를 잡고 밝은 분위기를 만든다.

그래서 그를 싫어하거나 경원하는 사람은 없는 것 같다. 필자도 그를 몹시 좋아한다.

그뿐만이 아니다. 그는 선교, 특히 해외선교에도 관심이 많아서 1994년 모스코바에 동숭교회를 개척하는데 주역이 되었다(불행히도 필자와 김 장로님이 은퇴한 후 그 교회는 폐쇄되었음). 그리고 현재 봉사하고 계신 몽골문화진흥원이 그리스도의 복음을 전하는 한 방편이란 사실을 누구도 부인할 수 없을 것이다. 그는 건강하여 장수하실 것이며 살아계시는 동안 더 많은 사람들을 대접하며 더 크게 섬기는 삶으로 일관하실 것이 틀림없다.

그의 신앙과 봉사 그리고 유쾌한 웃음소리, 매사에 긍정적인 생활이 그를 건강하게 만든 것이리라 생각한다.

"각각 은사를 받은 대로 하나님의 각양 은혜를 맡은 선한 청지기 같이 서로 봉사하라"(벧전 4:10).

목회자를 보호하기 위해 비난의 화살도 감수하시는 계준혁 장로님

나는 1978년 1월 1일에 지금 시무하는 교회의 담임목사로 부임하였다. 그 때 내 나이는 36세였고, 목사로 임직한 지 겨우 7개월이 지났을 뿐이었다. 30년의 세월이 흐른 지금도 여전히 미숙한 나의 모습을 보노라면 당시 교인들의 마음이 어떠했으리라는 것을 넉넉히 짐작할 수 있다. 정말 아무것도 모르는 목회자였다. 그럼에도 불구하고 그 때는 교인들이 끝없는 인내심으로 나를 기다려 주는 것도 알지 못했다. 오늘에 이르러서야 당시 장로님들을 비롯한 교인들이 부족하고 어린 목회자를 위하여 기도하고 참아주었음을 비로소 깨닫고 감사하게 된다.

지난날을 돌이켜보면 함께 교회를 섬긴 모든 장로님들이 고맙고 또 기억에 남지만, 굳이 그 중 한 분을 지적해서 말한다면 당시 당회 서기로 교회를 섬긴 계준혁 장로님을 말하지 않을 수 없다. 계준혁 장로님은 내가 섬기고 있는 염천교회를 설립한 지도자 가운데 한 분이신 계성언 장로님의 아들이다. 계성언 장로님은 이미 하나님나라에 가신 지 오래되셨고, 계준혁 장로님도 사역 일선에서 은퇴하여 원로장로가 되셨다. 지금은 계준혁 장로님의 아들인 계명재 장로님이 시무장로로 교회를 섬기고 있으니 3대 장로가 한 교회를 섬기는 것이다.

계준혁 장로님은 이미 한국 교계에 널리 알려진 분이다. 장로님들은 물론 목사님들까지 그를 모르는 이가 없을 정도이다. 그러나 큰일을 한 사람들이 많은 사람들에게 잘못 알려지기 쉽듯이 계준혁 장로님을 잘못 아는 이들이 많았다. 나는 그동안 많은 목사님들로부터 "계준혁 장로가 있는 교회에서 어떻게 목회를 하느냐"는 말을 들어왔다. 계준혁 장로님이 목회자를 힘들게 한다고 생각했던 것 같다.

「목사가 감동한 그 때 그 장로」를 편찬하는 목적이 후배 장로님들에게 교훈이 되고, 귀감이 되는 장로님을 소개함으로 교회에 유익을 주는 것이기에, 나는 여기서 계준혁 장로님의 참모습을 소개함으로써 후배 장로님들이 교회를 섬기는 일에 도움이 되었으면 한다.

첫째로, 계준혁 장로님은 교역자를 아끼고 존경하는 일에 본을 보여준 분이다. 계 장로님은 오랜 기간 당회 서기로 교회를 섬겼다. 목회자인 나보다는 15년 연배가 되신다. 그리고 그는 사회적으로 많은 경험을 가진, 그래서 존경받는 분이었다. 그럼에도 불구하고 그는 젊은 목사인 나를 아끼고 존경하는 일에 본을 보여 주었다. 나는 그때나 지금이나 존경받을 만한 사람이 못 된다. 그런데도 그는 목회자라는 한 가지 이유로 나를 존경해 주었다. "목회자는 교회로부터 존경을 받지 못하면 목회할 수 없다. 교회로부터 업신여김을 받는 목사가 어떻게 말씀을 전할 수 있겠으며, 교회를 지도할 수 있겠는가?"

이렇게 그가 목사를 아끼고 존경하니 다른 장로님들도 그런 마음으로 목사를 대하였고, 교인들 또한 그렇게 하였다. 이런 분위기가 조성되지 않았다면 나는 결단코 지난 30년 동안 염천교회를 목회할 수 없었을 것이다.

그러므로 나는 그에게 고마운 마음을 갖지 않을 수가 없다. 나는 무능한 사람이며, 성격 또한 원만하지 못한 사람이다. 오랜 기간 나와 함께 교회를 섬긴 이들은 이런 나의 모습을 너무나도 잘 알 것이다. 이런 사람이 장기간 한 교회를 섬길 수 있었던 것은 교역자를 아끼고 존경하는 그가 있었기 때문이다.

둘째로, 계준혁 장로님은 항상 목회자를 보호하는 분이

다. 당회는 교인들을 칭찬하고 상 주는 일을 하기도 하지만, 교회 안에서 말썽을 일으키는 교인들을 불러서 잘못을 지적하고 훈계하는 일도 한다. 또 일꾼을 불러 세우는 일도 하지만, 교회 안에서 덕을 세우지 못하는 일꾼이라면 그 일을 그만두도록 하기도 한다. 그러나 거의 모든 사람이 당회 충고를 겸손한 마음으로 받아들이지 않는다. 하던 일을 그만두게 했을 때에도 겸손한 마음으로 받아들이는 사람이 많지 않은 것이 현실이다.

담임목사는 당회를 대표하는 당회장이다. 그러므로 당회가 결정한 일은 보통 당회장인 목사가 통보한다. 이런 경우에 대개 목사가 비난받고 욕을 먹게 되지만 어쩔 수 없는 일이다. 계준혁 장로님은 오랜 기간 당회 서기로 교회를 섬길 때, 당회가 결의하여 어떤 사람을 치하하고 상을 줄 때는 목사에게 그 일을 하게 하지만, 잘못을 지적하고 훈계해야 할 때는 물론 하던 일을 그만두게 해야 할 때도 항상 당회 서기인 자신이 이 일을 담당하곤 했다. 그는 목사가 받을 비난의 화살을 자신이 대신 받음으로 목사를 보호한 분이었다.

장로님이 목사를 대신해 비난받는 것을 보고 미안한 마음이 들어서 "장로님, 미안합니다." 하고 말하면, "목사님은 하나님의 말씀을 선포해야 할 분인데 이런 일로 교인들에게 비난을 받아서는 안 됩니다. 이런 일은 당연히 당회 서기인 제가 할 일입니다." 하고 대답하였다. 그 때마다 나는 너무나도 고맙고 존경스러운 마음을 갖지 않을 수 없었다.

셋째로, 계준혁 장로님은 항상 교회 전체를 두루 살피는 분이다. 그는 언제나 균형감각을 갖고 교회를 두루 살폈다. 가령 절기 헌금을 드리게 될 때에도 자기 자신을 포함한 당회원들이 어느 정도 담당해야 목표를 무난히 달성할 것인지 살펴서 모자람이 없게 하는 분이었다. 그는 언제나 누구보다도 많은 액수의 헌금을 드림으로 하나님 섬김의 본을 보였다. 그리고 당회원들을 포함한 교인들에게 목사가 하기 어려운 말을 대신함으로써 모든 교인들에게 열심을 내게 하였다.

그는 무슨 일이라도 독단적으로 하는 일이 없었다. 언제나 먼저 목사와 의견을 교환하고 난 후에 일을 시작하였다. 그렇게 하였기 때문에 지난 30년 동안 나는 단 한 번도 그와 의견 충돌을 한 일이 없었다. 참으로 그는 항상 해야 할 일을 되게 하는 분이었다. 단 한 번도 해야 할 일을 하지 못하도록 한 적이 없었다. 교회가 금전적으로 해결하기 어려운 문제로 고민하고 쉽게 결론을 내리지 못할 때면 그가 그 짐을 짊어짐으로 쉽게 해결하였다. 그는 어느 한 부분만 보면서 자신의 의견을 고집하지 않았다. 항상 교회 전체를 보면서 솔선하여 섬기는 분이었다.

넷째로, 계준혁 장로님은 누구보다 앞장서서 기도하는 분이다. 어느 교회나 한해에 몇 번씩 특별기도주간을 정하고 온 교인들이 기도를 한다. 우리 교회도 한해에 몇 차례씩 특별기도주간을 정하여 기도를 한다.

나는 특별한 능력을 갖지 못한 목회자이다. 더구나 카리스마도 없다. 그래서 특별기도주간이라도 목회자의 말 한마디에 온 교회가 순종하는 목회를 하지 못했다. 그래서 스스로 무능함을 절감하기도 한다.

이때마다 계준혁 장로님은 누구보다 앞장서서 온 가족과 함께 기도회에 참예하였다. 그렇게 함으로 모든 교인들로 하여금 일어나서 기도하는 일에 열심을 내게 했다. 사역 일선에서 은퇴한 후에도 이런 일은 계속되고 있다. 목회자로서 이보다 고마운 일이 없다. 그는 참으로 믿는 일과 행하는 일에 모든 교인들에게 본이 되고 귀감이 되는 교회 지도자이다.

계준혁 장로님은 목회자는 물론 모든 교인들에게도 교회

섬김의 본을 보여 준 분이다. 그는 목회자의 애로를 이해하고, 목회자의 아픔을 나누고자 하는 분이다. 나는 하나님께서 계준혁 장로님과 함께 교회를 섬길 수 있게 하신 것에 감사한다.

"내 사랑하는 형제들아 견고하며 흔들리지 말며 항상 주의 일에 더욱 힘쓰는 자들이 되라 이는 너희 수고가 주 안에서 헛되지 않은 줄을 앎이니라"(고전 15:58).

젊은이들 앞에서 눈물로 회개하신 곽노철 장로님

이 분은 평남 중화군 해압면 삼합리교회 장로님이시다. 교회당을 큼직하게 지어 500명 정도 수용할 수 있다. 그 당시는 단독으로 교역자를 모시는 교회가 그리 많지 않았다. 세 교회에서 한 전도사를 모시는데 한 달에 한 번 오시게 되니 교역자가 못 오실 때는 장로님이 예배, 주일학교 일체를 담당했다.

노부부는 자녀가 없으시므로 교회에 온갖 충성을 다했다. 그런데 아집이 있는 분이라 또 동리의 젊은이들은 다 자기보다 연하인지라 자신의 생각대로 교회를 운영하니 교역자가 오는 날이면 교인들이 모였지만 교역자가 안 오시는 날이면 두 내외만 예배드릴 때도 많았다고 한다.

그때 나는 학생이었는데 겨울에 그 교회 집회에 청함을 받았다. 내가 집회를 할 때에 100여 명이 모였다. 새벽집회도, 밤 집회도 아닌데 낮 집회에 그리 모였다. 우리는 유

다서를 공부했는데 거기에 '암초'라는 말이 있었다. "이 삼합리교회는 이 언덕에서 저 언덕까지 고해를 항해한다. 가다가 암초에 걸리면 그만 배는 파선할 수도 있는데 그러면 그 얼마나 낭패일까? 그러기에 항해사들은 이 암초를 피하는 길이 중요하다. 때로 등대가 있어 이를 알게도 해준다. 이 삼합리교회도 좌초에 걸리지는 아니했는가? 그 암초가 나일 수도 있다"라고 설교를 하는데 참으로 놀랍게도 70이 넘으신 노 장로님께서 자신이 이야기를 좀 하겠다며 발언권을 달라고 하셨다. 그리하였더니 "이 교회의 암초는 이 늙은이요. 내가 오늘까지 암초 노릇을 했소이다."라고 하시며 눈에 눈물을 비같이 쏟으시면서 "내 고집 때문에 그만 교인들은 다 떨어져 나가고 우리 두 내외만 남은 때가 많았지요. 암초는 바로 내 자신입니다."라고 흐느껴 우시는 것이었다.

이에 젊은이들이 장로님께 들어가 앉으시라고 하며 서로 다투어 "실은 제가 암초입니다."라며 100여 명이 다 흐느껴 울어 온 교회가 눈물바다가 되었다. 낮 집회를 겨우 마치고 돌아와서 겨울이라 화로 곁에 앉아 그 낮 시간을 생각하니 너무 가상한 시간이었다.

'암초에 걸린 몸'
1. 암초에 걸린 몸 눈물의 홍수와
   은혜의 바람으로써 떠나게 합소서
2. 눈물의 물결에 가볍게 뜬 몸을
   순풍에 돛을 달아 곧 가게 합소서
3. 바람에 풍긴 몸 물결을 헤치며
   기도로 젖는 노질 힘있게 합소서
4. 저 언덕 이르니 아버지 친수로
   내 눈에 흘리는 눈물 다 씻어 주시네
(후렴)
   눈물의 바다에 이 몸을 던지사
   내 주여 순풍 주시사 잘 가게 합소서

    찬송을 4절까지 지어서 나 혼자 흥얼거리며 목 놓아 울었다. 나는 이 날의 곽노철 장로님을 잊을 수가 없다. 그 일로 교회에는 큰 부흥이 일어났다.
    연로하신 장로님의 회개하는 그 눈물 앞에 많은 젊은이들이 모두 자신이 암초라고 고백하는데 그 장면을 멈추게 하기도 어려웠다. 나는 「눈물의 병」이란 책에 이때 지은 찬송과 장로님의 기록을 남겨 놓았다.

성경공부를 활성화시키신 김사익 장로님

  김 장로님은 이화여대와도 관계가 있었던 분이다. 그리고 장로님은 한국 축산업에 큰 공헌도 하셨으며, 한국 서울우유조합을 만드신 분이기도 하다. 이분은 뜯, 짯, 따, 장로로 운한다. 이는 꿀벌을 영위하신 데서 나온 말로 꿀을 뜯어 먹는다, 우유를 소에서 짜 먹는다, 과일을 과원에서 따 먹는다에서 나온 말이다. 김 장로님은 노량진교회 장로로 계시다가 미국에 이민을 가셔서 세상을 떠나셨다.

  장로님께서 장로계에 남긴 한 공헌이 생각난다. 그것은 범교회적으로 四木會를 조직하였는데 이는 예배 제4일 곧 목요일 저녁에 장로님들이 모이는 회이다. 매 예배 제4일마다 모이는데 그 회원도 적지 않을 뿐 아니라 모이면 예배드리고 성경공부를 하며 약간의 회비를 걷어 귀한 일에 쓰게 하는 등, 장로님들의 친목은 물론 교회 섬기는 일의 실담을 나누었다.

  사목회는 개교회를 섬기는 장로님들에게 좋은 동기를 부

여하는 건전한 장로 모임이 되어 칭송을 받았다.

　나도 그 모임에 청함을 받아 몇 해 동안 목요일마다 같이 지냈던 기억이 새롭다.

　장로님은 버스를 타서도 안내양에게 꼭 새 돈을 주면서 "새 것으로 바꾸었소." 한마디 건네며 상대방을 기쁘게 하는 모습을 보았다. 쉬지 않으시고 일하신 분이요, 누구를 대하든지 웃게 만드시는 장기도 있음을 기억한다. 그런 장로님과 같이 여러 해를 지낸 것을 잊지 못한다.

　"어떤 사람들은 마음이 굳어 순종치 않고 무리 앞에서 이 도를 비방하거늘 바울이 그들을 떠나 제자들을 따로 세우고 두란노 서원에서 날마다 강론하여"(행 19:9).

주의 일에 너그러운 장봉준 장로님

　이분은 내가 중국에 있을 때 만난 장로님이신데 자수성가하신 분으로 근검절약에는 첫 손에 꼽힐 사람이다. 중국인 특성이기도 하지만 이분은 자신에게 대해선 절약하면서도 주의 일에는 그렇게 너그러울 수가 없었다.
　내가 빈민촌에 개척을 하고 있었다. 그 지역은 낮은 지대로 살기 적합하지 못하여 사는 이들이 없기에 빈민들이 모여들어 동서남북 네 동리를 이루었다. 여기에 장로님은 넓게 기지를 잡고 빈민들이 살기 좋게 집을 지어 주었다.
　내가 그 지역에 교회를 세우자 거기에 어떻게 교회를 세우느냐 묻는 이도 많았다. 그러나 실로 전도하기는 좋은 곳이었다. 처음에는 셋집을 얻어 예배를 드리다가 점차 교인이 늘면서 교회를 지어야만 했다. 나는 장 장로님에게 의논했더니 그 사방이 그가 지은 집이라 한 동리가 된 곳이니 흔쾌히 자기 땅을 희사하시면서 그 중앙에 교회를 짓자고 하셨다. 교인들은 새로 믿는 분들이지만 우리 손으로 짓자고 서로 격려를 하면서 미장이만 고용하고는 목사도, 교인들도, 그 장로님도 함께 힘을 모아서 우리 손으로 교회당을 건축하였다. 그 교회가 내가 목회하면서 처음 지은 중가와교회이다. 그 후 세 번이나 증축까지 하였다. 그 장로님 자신은 매우 근검절약하였지만, 땅을 주어 교회당을 짓게 하고 자신이 직접 노력도 하여 함께 교회당을 지었던 일을 나는 지금껏 잊지 못한다.

"너그러운 사람에게는 은혜를 구하는 자가 많고 선물을 주기를 좋아하는 자에게는 사람마다 친구가 되느니라"(잠 19:6).

늘 목사님을 먼저 챙기시는 이의화 장로님

이 일화는 고 증경총회장 박종렬 목사님에게 들은 이야기인데 나의 동향 선천 분이므로 잘 알기에 소개한다.

그는 그 옛날 세브란스를 졸업하고 개업의로 성공하신 분이다.

월남하여 청주에 개업하고 있었는데 총회에서 반갑게 만났다. 총대로 오셨는데 총회에서 그의 발언이 매우 날카로워 옳은 발언이긴 하지만 너무 강한듯하여 박 목사님에게 의견을 물었다. 그랬더니 그 장로님은 집에서도 호랑이라는 말까지 듣고 있으나 교회에 오셔서는 자비하고 목사님에게는 더없이 잘 하신다고 하셨다.

청주는 우리나라 13도에서 바다 없는 도(道) 중에 하나이므로 생선이 아주 귀했다. 그런 어느 날 밥상에 색다른 생선이 놓였다. 장로님은 "목사님께 먼저 드려야 하는데 드렸소?" 물으셨다. 부인의 대답은 "한 마리밖에 없어서 그렇게 못했어요." 하는 것이다. 이 대답에 장로님은 "이런 일을 해서는 안 되지요! 목사님께 먼저 드리지 않고 내가 어찌 먹을 수 있겠소?" 하며 내던지셨다는 것이다.

늘 무엇이든지 목사님께 우선 드린 다음에야 집에서도 먹도록 기강을 세우셨다고 한다. 나는 이 말을 듣고 그를 만나면 대단하시다며 칭찬을 하곤 했다.

"가르침을 받는 자는 말씀을 가르치는 자와 모든 좋은 것을 함께 하라"(갈 6:6).

'방예수'의 별호를 가지신 방만준 영수

이 분은 내 친할아버지이시다. 장로에 대한 이야기를 써 달라는 부탁을 받았을 때 주저하다가 이의화 장로님 이야기를 쓰고 보니 누구보다도 내게 감화를 주신 분이시기에 적는다.

당시에는 영수가 곧 장로 일을 보시던 때이라 조사로 시무하는 교회에 영수면 장로가 되실 분이다.

내 할아버지는 친히 장관선이란 조사를 찾아가 예수님을 믿으시고 방 씨 집안에선 추방을 당하셨다. 할아버지는 할 수 없이 다른 데로 가서서 교회를 세우고, 거기에 학교도 세워서 교장까지 되셨다. 거기 계시면 당연 장로가 되셨을 터인데 자녀교육을 위하여 신성학교가 있는 선천으로 이사했기 때문에 장로 직분을 받지 못하셨다.

내 조부님은 '방 예수'의 별호를 가지셨다. 고향 철산군 여한면 원세평에서 예수를 믿는다고 친족들이 맨몸으로 쫓아내서 30리 밖 연수로 이거하여 사는데 그 이름이 방예수로 통하였다. 거기서도 예수를 믿는다고 갖은 핍박을 다 받았다. 우선 전답을 주는 사람이 하나도 없었다. 작농을 하려 해도 토지가 없는지라 어떤 지주에게 가서 간청하였더니 돌짝 야산에 농사를 해보려면 하라고 해서 부지런하게 일하여 그 돌짝 산을 옥토로 만들었다.

모든 사람들이 그제야 예수가 복을 주셨다는 이야기가 돌았다. 할아버지는 주인에게 소득의 반을 주었다. 이는 생각 밖이라 주인에게 차차 신용이 두터워졌고 마침내 농업으로 성공하셨다. 큰 집을 짓고 유족하게 살면서 학교도 세우고 교회도 세우셨다.

그래도 일부 사람들이 조부님을 시기하고 핍박했는데, 한번은 조부님 댁에 불을 놓으려 시도하다가 그들이 주재소에 잡힌 일도 있었다. 잡힌 그들 말로는 여러 번 불을 놓았고, 꼭 불이 붙을 터인데도 안 붙더라는 것이다. 초가집에 불쏘시개를 갖다가 불을 붙였는데 매번 스러지고 말았다는 이야기를 현장 조사 때에 알게 되었다고 한다. 이 이야기는 내가 어릴 때 일이지만 후일 조부님의 집을 사서 살았던 정학선 장로님께 들은 생생한 이야기이다.

정 장로님은 평북교회 원로장로로 지금은 별세하셨다. 내 조부님께서는 이의화 장로님과 같이 색다른 음식이 있을 때는 목사님께 반드시 보내게 하는 것을 내가 철들면서도 보았다. 시골에 계실 때 앵두, 살구, 복숭아 등 과실수를 심었는데 늘 조사에게 보낸 후에야 아이들이 딸 수 있었다. 알을 깨워 닭을 키워서도 가장 먼저 크는 장닭은 조사에게 보낸 후에야 집에서 사용할 수 있었다. 이 모든 일이 집안의 규례였다. 할아버지 후손이 월남한 수만 해도 200여 명이나 된다. 지금은 목사만도 18명이고, 장로, 권사, 집사로 교회를 섬기고 있다. 우연한 일이 아니라 보여지기에 그 직계 손 된 사람으로서 한 자를 써둔다.

"인자의 온 것은 섬김을 받으려 함이 아니라 도리어 섬기려 하고 자기 목숨을 많은 사람의 대속물로 주려함이니라"(막 10:45).

마음을 시원케 하는 일꾼 박충욱 장로님

목회자로 40년 넘게 사역하면서 행복한 것은 훌륭한 인격과 열정을 가진 믿음의 일꾼과 함께 일한 경험이다. 교회와 노회 총회 그리고 교단을 넘어 연합기관에서 함께 일하면서 존경하는 분들과 교제를 갖고 일할 수 있었다. 그 중에 한 분이 영락교회 박충욱 은퇴장로님이시다.

장로님과의 만남은 1991년 서울노회에서 여러 임원직으로 섬기다가 부회장으로 선임되었을 때 장로님이 부회계로 함께 일하게 되었다. 그 다음 해에 노회장과 회계로 또 함께 일하였다.

교회 일꾼 중에는 말꾼과 쌈꾼과 일꾼이 있다고 말한다. 말꾼은 말뿐이요 실천력이 없는 일꾼으로 덕을 이루지 못하고 말썽만 일으키는 일꾼이다. 쌈꾼은 부정적인 자세로 불평하고 비난하고 공격함으로 교회 일치를 깨고 불화를 일으킨다. 일꾼은 말이 적고 드러나지 않지만 긍정적으로 책임의식을 가지고 신실하게 일하는 일꾼이다. 어느 교회나 어느 기관이든지 어떤 일꾼이 일하느냐에 따라 화합과 일치로 능률적인 집단이 될 수도 있고, 분쟁과 분열로 일치가 깨지고 비능률적인 집단이 될 수도 있다.

박 장로님과 함께 일하면서 몇 가지 독특한 섬김의 삶을 발견할 수 있었다. 첫째, 교회를 섬기는 일에 최선을 다하시는 모습이었다. 장로님의 사업처가 경남 산청에 있기 때문에 토요일 상경하여 주일을 온전히 교회에서 예배하고, 교회 직분을 감당하면서 월요일에 사업처로 내려가신다. 놀라운 일은 은퇴하신 후 팔순이 넘으셨는데도 변함없이 주일을 성수하고 계시다는 것이다.

둘째로, 근면한 삶의 모습이다. 사업에 대한 열정과 끈기로 일을 하신다. 하나님께서 일하게 하심으로 놀고 쉴 수 없다고 하면서 팔순이 넘으셨는데도 아드님을 도와 사업을 계속하고 계신다. 이와 같은 근면한 삶이 육체와 정신 건강의 비결이 되어 노익장을 누리는 것이 아닌가 생각한다. 평신도 지도자인 장로님은 교회일과 자신의 생업인 기업에 대해 책임의식과 사명의식으로 일하여야 한다고 믿고 계신다.

셋째로, 섬기는 일꾼의 모습이다. 노회에서 함께 일하였을 때에도 임원회나 참석하는 모든 회의에 식사비를 언제나 책임지셨다. 공적인 일은 공금으로 처리하도록 권고할 때마다 "장로가 돈을 벌어 어디에 쓰겠습니까? 목사님들 대접하고 하나님의 일을 위해 돈 버는 것 아니겠습니까?" 하면서 언제나 대금을 지급하셨다. 장로님은 이와 같은 섬김과 헌신적이고 투명한 삶으로 존경과 사랑을 받으셨다. 때로는 너무 엄격하여 불편한 점도 있는 듯 했지만 솔선수범하심으로 덕을 세우며 모두에게 유익이 되게 하셨다.

서울 노회장으로 총회 공천부장이 되어 섬기는 기회에 장로님이 총회에서 적소적재의 봉사를 할 수 있는 일을 생각한 중에 장로회신학대학교 재단이사를 추천하게 되었다. 장로회신학대학 이사로 재직하시면서도 장로님은 다른 이사들의 인정을 받아 종합관 건축위원장에 선임되고 희생적으로 봉사하여 종합관 건축에 크게 기여한 것으로 알려졌다. 추천자로 큰 기쁨을 경험했다.

주님과 함께 일하던 일꾼에게 마음을 시원케 하셨던 장로님! 오늘도 주일 성수를 위해 산청에서 서울로 향하여 오고 계실 장로님에게 황혼에 빛처럼 노년의 찬란한 빛을 비치는 삶을 사시기 기도한다.

"충성된 사자는 그를 보낸 이에게 마치 추수하는 날에 얼음 냉수 같아서 능히 그 주인의 마음을 시원케 하느니라"(잠 25:13).

사랑의 말로 목회에 큰 활력소를 주신
김종훈 장로님

실존철학자 키에르케고르는 인간 삶의 본질은 삶의 불안을 가지고 존재한다고 했다. 그의 말과 같이 만약 인간이 동물이거나 혹은 천사라면 불안하지 않을 것이다. 인간 실존은 천사도 아니고 악마도 아닌 중간적인 존재이기 때문에 삶의 불안을 실존하고 있다. 이 불안을 극복할 수 있는 길은 하나님의 말씀으로만 치유할 수 있다.

25년 전 포항북부교회를 건축하면서 나는 함께 봉사할 수 있는 기회를 가졌는데, 1800명을 수용할 예배 장소를 준비하여, 지하 1층과 지상 2층의 아름다운 성전을 완공하였다. 그리고 헌당 준비를 하고 있는 어느 토요일, 사택에서 주일 설교말씀을 준비하고 있을 때 사찰 집사님이 뛰어오셔서 교회 당회실 부근에 불이 나서 검은 연기가 밖으로 솟고 있다고 하셨다. 순간 떨리는 몸으로 옷을 입고 교회 쪽으로 뛰어갔다. 당회실 쪽에서 뜨거운 화염과 함께 검고

노란 연기가 밖으로 이어져 나왔다.

그 순간 나보다는 교회 관리에 전문성 있는 사찰 집사님에게 더 들어가 보라고 말씀드렸더니 고개만 갸웃거리고 계셨다. 그래서 옆에 계시는 두 분 기사 집사님에게 역시 들어가서 현장을 파악해 주기를 권하였으나 그 분들도 고개만 숙이고 있었다.

그 사건이 지난 후 그 상황을 생각해보니 내가 너무나도 어리석고 불합리한 부탁을 했다는 것을 깨달았다. 그 위기 상황을 극복하기 위해 내가 그 화염 속에 들어갔는데, 그 불길은 큰 페인트 통에서 이어지고 있었다. 짐작하기에는 페인트를 칠하던 사람이 담배를 피우다가 실수로 버린 꽁초가 불이 붙게 되었고, 그는 그 상황을 피하기 위해서 보이지 않게 된 것 같았다.

그 위기 순간에 밖을 내다보니, 많은 사람들이 물통을 들고 줄을 서 있었다. 직감적으로 물속에는 산소가 있기 때문에 불을 더 번지게 만들 것이라고 생각하였다. 그래서 건축 현장에 있는 모래를 가져오라고 큰 소리를 질렀더니 많은 사람들이 모래를 가지고 와서 그 화염의 불길을 끄게 되었다.

하나님께서는 모든 것을 합력하여 선을 이루신다는 진리를 다시 한번 깨닫게 되었다.

그 이튿날 주일 새벽, 나는 세상에 태어나서 처음으로 아내를 통하여 얼굴에 분장을 하였고 타버리고 없어진 눈썹을 그리고 누렇게 된 머리카락에 포마드 기름을 바르고 주일 낮예배 1부 7시와 2부 9시 예배가 끝나서 바로 교우들과 인사도 드리지 못하고 목양실에 머물렀다. 그리고 3부 예배를 드리고 역시 목양실에 왔을 때, 밖에서 노크 소리가 들려왔다.

건축위원장으로 봉사하셨던 김종훈 장로님(선린종합병원 원장인 동시에 설립자)이 들어오셔서 "손 목사님! 그렇게 어려운 일을 극복해 주셔서 감사를 드립니다만 만약 화염 속에 목사님이 희생되셨더라면 먼저 하나님 앞에 영광을 돌리지 못할 것이요 또한 목자를 잃어버린 우리 교회는 너무나도 비극적인 상황을 맞았을 것입니다. 목사님, 만약 이와 같은 일이 재현된다면 목사님께서 절대로 그와 같은 위험한 일은 하지 않으셨으면 합니다. 불이 나서 교회가 전소된다 할지라도 저 한 사람의 힘으로라도 이 교회를 건축할 수 있는 능력을 하나님께서 주실 줄 믿습니다. 이 교회 건물과 존경하는 목사님을 바꿀 수는 없습니다. 왜냐하면 저는 목사님을 이 교회 건물보다 더 사랑하기 때문입니다."라고 하셨다.

지금도 그 사랑의 말 한마디가 나의 목회에 큰 활력소를 주고 있다.

　빅토리아 여왕이 나이팅게일에게 준 금메달 속에 "긍휼을 베푸는 길은 하나만 있는 것이 아니다. 돈이 없을 때는 말로 할 수 있다. 말이 없을 때는 눈물로 위로할 수 있다."는 말과 같이 존경하는 김종훈 장로님의 그 말 한마디가 25년이란 긴 세월이 지나갔지만 지금도 내 삶의 기쁨과 평화를 주는 아름다운 말씀이 되고 있다.

　믿음, 소망, 사랑 이 세 가지는 항상 있을 것인데 그 중에 제일은 사랑이라고 하신 말씀같이 사랑으로 모든 절망을 극복할 수 있는 종교적 실존이 우리의 삶 속에서 이루어지기를 기원한다.

　시인 괴테가 삶이란 시에서 "서두르지도 말고, 쉬지도 마오. 운명의 폭풍을 꾸준히 견디면서 나침반처럼 의무에만 살고 투쟁의 모든 날이 지난 후에 역사 위에 찬란하게 그대의 면류관이 빛나리라."고 고백한 것같이 믿음의 선한 싸움 싸워 의의 면류관, 영광의 면류관을 받기 위한 삶의 철학을 가져야만 하겠다.

"그런즉 믿음, 소망, 사랑, 이 세 가지는 항상 있을 것인데 그 중에 제일은 사랑이라"(고전 13:13).

삭개오 닮은 신균섭 장로님

"예수의 얼굴을 한번이라도 보고 싶으나 키가 작도다. 생각다 못하여 삭개오는 엉금엉금 기어서 뽕나무 위로. 뽕나무 위에서 삭개오는 나뭇잎새 사이로 내려다보니 너 빨리 내려와 삭개오야 바로 나무 아래서 나는 소리라." 주일학교에서 배운 '삭개오의 노래' 이다. 5척 단신의 삭개오 장로라는 분에게서 배운 노래이고 율동을 수반하는 뮤직카이다.

필자가 자란 교회는 함흥 북주동교회로, 함흥시의 동남 과수원에 작지만 풍요롭고 자랑거리가 많은 교회였다. 역대 목회자들 중에 김 련 목사님은 일제시대 때 순교하시고, 김주현 목사님은 공산당에 의해 순교하신 분이고, 홍 관 목사님, 김이현 목사님께서 시무하셨던 교회이다. 8·15해방 후에는 부산성동교회 원로목사이며 함해노회 공로목사이신 유형심 목사님이 시무하시다 1·4후퇴 시에 함께 남하 하셨다.

 필자는 어려서 어머님을 따라 구역예배에 가서 세계적으로 유명한 피아니스트 한동일 선생이 7세 때에 피아노 연주하는 것을 보았다. 필자는 여름성경학교에서 한동일 선생 모친의 반주에 맞추어서 그의 부친 한인한 선생(해군군악대 지휘자. 얼마 전까지 LA영락교회 70세 이상 성가대 지휘자)의 노래 지도를 받았다.

 '삭개오 장로'는 필자가 윤리학 교수, 교회 시무장로, 목사가 되는 일에 성경적이고 신학적인 결정적 영향을 주신 분이다. 그는 만날 때마다 "인현아! 너는 명심보감과 성경 중에서 잠언을 많이 읽으라."며 쪽복음서를 건네주실뿐 아니라 그의 책장에는 항상 「信仰生活」이라는(김인서 목사 편집, 당시에는 장로)의 책이 있었다. 성경과 책을 많이 읽은 삭개오 장로님은 마침내 김인서 장로님을 모시고 부흥사경회를 갖게 되었다. 그는 부지런히 일하는 장로, 공부하는 장로 그리고 가르치는 장로였다.

 '삭개오 장로'는 함흥 남부교회에서 실시한 고등성경학교에 입학하여 수학하였다. 낮에는 과수원의 경영자였고 밤에는 10리 길을 따라 함흥고등성경학교에서 공부하는 주경야독의 모범적 장로였다. 삭개오 장로의 삼 형제는 모두 과수원 우수 경영자로 소문난 분들인데 전정(剪定)엔 일가견이 있어 삼 형제가 한 팀이 되어 원근각지에서 낮에는 전정을 하고 밤에는 신앙집회를 가졌다고 연동교회 이삼열 원로장로께서 며칠 전에 증언하였다.

1·4후퇴에 '삭개오 장로'는 경상남도 거제군 거제면 오수리(지금 경상남도 거제시 오수리)에서 피난생활을 하시다 별세하였다. 새벽잠이 없으신 삭개오 장로님은 새벽기도회 전후, 예배 전후에 마치 사찰 집사와 같은 책임감을 갖고 교회 청소하는 일에 충성을 다하심으로 본을 보이셨다.

'삭개오 장로'의 인격과 삶은 신앙 그 자체였기 때문에 모든 성도들에게 모범이 되었다. 겸손히 섬기는 작은 삭개오 같은 그 분이 바로 필자의 삼촌이신 신균섭 장로님이다.

"맡기운 자들에게 주장하는 자세를 하지 말고 오직 양 무리의 본이 되라"(벧전 5:3).

내 신앙의 스승, 박영철 장로님

내가 박영철 장로님을 처음 만난 건 고등학교에 입학하면서였다. 장로님은 수학 선생님이셨다. 그 학교는 전교생이 고향을 떠나 기숙사 생활을 했기에 주일이면 예배드리는데 어려움이 있었다. 이 문제를 해결해 주신 분이 박 장로님이었다. 당시 학교는 경북 구미에 있었고, 장로님 댁은 대구였다. 대구의 모교회에서 장로로 섬기고 있었으니 주일이면 대구로 가셔야 했다.

그런데 장로님은 주일 낮에는 대구에 가시지 않고 학생들을 위해 학교에서 예배를 인도하셨다. 예배만 인도하신 것이 아니라 기독 학생들을 위해 많은 봉사도 하셨다. 장로님은 음악 감상, 성가 지도, 신앙 상담 등 목회자가 해야 할 일들을 거의 하셨다. 그리고 교직원 독신자 아파트에 거주하시면서 새벽이면 교실 하나를 빌려 새벽 예배를 인도하셨다. 새벽기도에 참여한 학생들이 그리 많지는 않았다. 내 기억으로는 새벽에 나오는 학생은 10명 남짓이었던 것 같다.

　어느 겨울 날 새벽에 일어나니 눈이 하얗게 내려 엄청나게 쌓여 있었다. 기도하러 갔더니 나와 친구뿐이었다. 우리 두 사람을 앉혀놓고 힘차게 예배를 인도하시던 장로님 모습이 지금도 눈에 선하다.

　우리는 고등학교를 졸업하고 모두 군으로 가서 5년을 부사관(당시 하사관)으로 근무했다. 고등학교를 졸업하자 군으로 간 졸업생들은 심적으로 고생을 많이 했다. 군 생활 5년을 힘들게 보내는 중에도 힘이 되었던 것은 장로님이셨다.

　장로님은 군에 간 기독 학생들 주소를 모두 파악하여 매달 한 번씩 일일이 한 달 분 주보를 5년 동안 한결같이 보내 주셨다. 주보를 보내시면서 가끔 메모란에 "만호야! 고생 많지? 힘내라", "하나님이 함께하신다. 신앙생활 잘해라"라는 등의 메모는 내가 신앙생활을 지속하는데 큰 위로와 힘이 되었다. 이 고백은 우리 학교 출신 기독 학생들이 동일하게 하는 말이다. 군에서 신앙을 잃을 수 있는 기회가 많았는데, 장로님의 한 사람 한 사람에 대한 특별한 관심이 신앙을 지키게 하였다고들 한다. 그 결과인지 우리 고등학교 출신들 중에는 학교에서보다는 군 생활을 하면서 신앙이 깊어진 사람들이 많다. 그리고 그것이 원인이 되어 목회자, 선교사가 된 분들도 제법 있다.

   장로님은 졸업생들이 보내온 헌금을 알뜰하게 모아 장학회를 설립하셨다. 그 장학금으로 동문들 중 꼭 필요한 곳에 쓰셨다. 동문들 중 어려운 형편에 있을 때 장학금으로 도움을 받은 이들이 적지 않은 걸로 알고 있다. 특별히 동문들 중 개척 교회를 하시는 분들에게 상당 기간 동안 일정액을 지원하셨다. 지금은 장학금을 모교 기독 동문회로 이관하셨지만 장로님께서 하시던 일은 계속되고 있다. 장로님은 기독학생들과 군에 간 졸업생들을 돌보는 일 때문에 교감으로 진급하여 전학할 수 있는 기회를 여러 차례 포기하셨다.

   언젠가 서울에서 제자들이 자리를 마련해서 장로님을 초대한 적이 있었다. 그 때 장로님은 "너희들 많이 늙었구나, 장하다." 하시면서 우리 등을 두드리며 좋아하셨다. 우릴 늙었다고 하시던 장로님은 이미 백발이셨다. 이제 장로님은 교직을 은퇴하시고 여전히 우리 기독 동문들을 챙기시면서 고향 대구에서 모교회를 섬기시고 계신다.

어려운 시골교회를 충성스럽게 섬기시는 장춘호 장로님

장춘호 장로님은 필자가 한동안 지리산 자락에 있는 안지교회를 섬길 적에 만났던 분이다. 내가 장로님을 처음 만난 것은 정기노회에서였다. 한 번도 가본 적 없는 교회이고, 아는 성도들은 한 사람도 없었다. 안지교회는 목회자를 선보지 않고 모시는 좋은 교회이기도 하다.

내가 안지교회로 부임이 결정되고서 장로님을 만났는데 담소하다가 "목사님 감 좋아하십니까?" 하시기에 "좋아하지요" 했더니, "우리 교회 오시면 발로 감 차느라 괴로우실 것입니다" 하셨다. 속으로 "장로님 이상하네, 감을 왜 발로 차? 먹지" 했다. 교회로 부임하니 교회가 감나무 과수원 가운데 있었다. 예배당과 사택 옆에도 큼직한 감나무가 있었다. 감 익을 철이 되니 사택 앞과 예배당 주변이 떨어지는 감으로 지천이었다. 처음에는 비로 쓸다가 지쳐서 나중에는 보이는 대로 감을 발로 차서 없애곤 했다. 과수원을 교회에서 관리했는데 주로 장로님이 하셨다.

　어느 날은 새벽 예배 끝나고 기도 중인데 교회당 옆에서 소란한 기계음이 들리기에 나가봤더니 장로님이 기계로 과수원 풀을 깎고 계셨다. 나는 경험이 없는지라 엉거주춤하는데 장로님이 "목사님은 할 줄 모르시니 그냥 기도하세요." 하셨다. 과수원에는 봄에 거름 주는 일, 농약치는 일, 감 솎아 주는 일, 정기적으로 풀 깎아 주는 일 등 일이 많다.

　나는 언제 그 일을 해야 하는지도 모르고, 또 별 관심도 없고 해서 지나치기 일쑤인데, 장로님이 주로 다 하셨다. 물론 필요할 때면 집사님들을 불러 함께하시지만 소소한 일을 장로님이 혼자 해치우신다. 내가 미안해서 "장로님 일할 시기에 미리 말씀하세요. 같이 거들면 좋잖아요." 하면 "에이, 목사님 그냥 내가 할게요." 하고 웃으신다.

　장로님은 농사일로도 바쁘시면서 늘 교회 일부터 챙기곤 하셨다. 장로님은 여러 해 동안 이장을 하시면서 마을 일을 성실하게 도맡아 하셨다. 장로님은 예의가 바르고 남을 배려하시는 분이라 동네 사람들도 어려운 일이 생기면 장로님과 의논하곤 했다. 장로님 가정도 화목하다. 부인 권사님도 후덕하기 그지없고, 자녀들도 모두 신앙생활이나 사회생활에 본이 된다.

어느 교회나 그렇겠지만 예배당을 신축하거나 증개축 할 때는 항상 어려움이 따르게 마련이다. 안지교회 예배당도 건축한 지가 아주 오래 되어서 증개축이 교회의 숙원사업이었음에도 실행하지 못하고 있었다. 증개축 비용이 교회 3~5년 예산이 소요되기 때문이었다.

　본인이 교회를 섬기기 시작한 지 2년 후부터인가 교회 의결을 거쳐 증개축이 이루어졌다. 이 과정에서도 장로님이 처음부터 끝까지 노심초사하심으로 교회당 증개축이 무리 없이, 은혜 가운데 잘 이루어졌다.

　한번은 주일 저녁 예배 후 장로님께서 "목사님, 설교 중에 이런 부분은 좀 피했으면 어떨까요?" 하셨다. 지역이 보수적인 곳이라 그런 설교가 성도들에게 부담이 되었던가 보다. 장로님의 권고를 "예, 장로님 그렇겠군요." 해도 될 것을 "말씀을 바로 전한 것을 말라 하시면 어떡합니까?" 했더니 장로님은 차분하게 "목사님, 성경 말씀이 틀리다는 것이 아니라 이곳 분위기가 그래서요." 하셨다. 그럼에도 불구하고 나는 부득 "장로님, 이단적인 설교를 하는 것이 아니거든 그냥 맡겨 주세요." 하면서 양보를 하지 않았다. 나중에는 장로님이 답답하셨던지 "목사님, 알았습니다. 이제 설교에 대해서는 제가 일절 말 않겠습니다." 하셨다.

　물론 그 후로 상황을 고려하며 설교했지만, 장로님께는

죄송하기 짝이 없다. 어느 날 내가 교회 일로 심기가 불편한 것을 장로님이 아셨던가 보다. 장로님은 "목사님, 힘들어도 참으십시오. 다 하나님의 일 아닙니까? 고생 끝에 낙이 오지 않겠습니까." 하면서 힘들어하는 아들을 위로하고 타이르듯 말씀하셨다. 그 말씀이 나에게는 두고두고 고맙고 위로가 되었다. 장로님은 칠순이신데 여전히 안지교회를 섬기고 계신다.

"충성된 사자는 그를 보낸 이에게 마치 추수하는 날에 얼음냉수 같아서 능히 그 주인의 마음을 시원케 하느니라"(잠 25:13).

헌신과 기도의 사람, 강재복 장로님

헌신의 사람은 언제나 하나님을 바라보며 하나님의 뜻을 묻고 하나님께 전적으로 순종하며 사는 사람이다. 사람들을 두려워하지 않고 고통을 무서워하지 않고 환경 때문에 흔들리지 않는다. 내가 강재복 장로님을 안 것은 몇 년이 안 되었으나 장로님은 나의 가슴에 하나님께 헌신하는 장로님이 어떤 분임을 확실히 심어주었다.

강재복 장로님은 1984년 5월 20일에 장로로 장립을 받아서 2007년 5월 15일 하나님께 부름받기까지 23년 동안을 한결같이 기도하며 헌신하셨다. 장로님은 외모와는 달리 가정적인 분이셨다. 아내 사랑이 지극하여 "아내는 집안과 나의 보물"이라고 고백하며 아내 없이는 한시도 살 수 없다고 "아내보다 나를 먼저 부르소서!" 하고 기도하였다.

장로님은 죽음을 두려워하지 않았다. 월남전에서 총격전 중에 총상을 당하고, 뇌경색 두 번, 심장협심증, 맹장 수술

등으로 병원에 입원하고 어려운 수술도 여러 번 받았다. 그리고 마지막에는 폐혈증으로 엄청난 고통을 겪으면서도 근심하거나 두려워하지 않았다. 그는 하나님께서 항상 함께 계심을 믿었고, 하나님께서 세상에 살려 두시기를 원한다면 살 것이라는 확신을 가졌기 때문이다. 그러한 위험의 순간에도 장로님의 관심은 교회에 나아가 하나님께 예배드리고 하나님을 섬기는 것이었다.

장로님은 기도의 사람이었다. 언제나 기도하며 하나님의 뜻을 물었고, 하나님께서 원하는 것이라면 어떤 어려움이 가로막아도 흔들리지 않고 그 일을 해냈다. 2001년 광장교회는 기념교회를 짓기로 결정했다. 그러나 예산이 넉넉하지 않았고 의견도 분분하여 용두사미로 끝날 위험에 있었다. 처음 예산이 3000만원이었으나 이것으로는 턱없이 부족하였다. 장로님은 기념교회 건축위원장을 맡아서 그 당시 광장교회 경상비 예산의 절반이 넘는 4억 이상의 예산을 만들어서 아름답게 기념교회 헌당식을 가질 수 있었다. 그 일을 하는 동안에 많은 위기와 난관이 있었으나 장로님은 오직 하나님께서 원하시면 하나님께서 이루실 것을 믿으며 한 번도 흔들리지 않고 그 일을 추진하였다.

나는 22년 반 동안을 장신대 교수로 일하다가 2004년도 광장교회 담임목사로 부임하였다. 목회현장과 거리가 있었던 목사가 목회를 하는 것은 쉬운 일이 아니었다. 이런 나를 도와서 바른 목회를 할 수 있게 도와준 일등공신이 강재복 장로님이셨다.

광장교회에 부임하던 해에 연말 인사, 예산 당회를 모일 때였다. 나는 광장교회의 전통과 관행을 제대로 파악하지 못한 상태였다. 각 부서 예산을 조정하는 과정에서 관행을 무시하고 담당부서장들과 상의도 없이 내 마음대로 계수 조정을 하였다. 그 때문에 부서장들이 상처를 입고 나 역시도 토의 과정에서 상처를 입었다. 나는 '목회가 이렇다면 목회를 그만 두어야 하겠구나!' 하고 생각했다.

그날 강 장로님을 집까지 태워다 드렸는데 차에서 내리시던 장로님은 나의 손을 꼭 잡으면서 이렇게 말씀하셨다. "목사님, 목회자는 난관에 부딪히기 마련입니다. 그러나 하나님의 뜻은 반드시 이루어집니다. 하나님께 기도하세요. 가장 좋은 길로 인도하실 것입니다. 힘내세요." 그 말을 듣는 순간 하나님께서 나에게 주시는 음성으로 들렸다. 그 말씀이 좌절하여 목회를 그만두려던 나의 마음을 바로잡아 주었다.

현장의 소리를 듣지 못하는 나에게 현장의 소리에 귀를 기울이게 하고, 교회의 전통과 법에 어긋난 일을 하려고 할 때에 바른 길로 인도하고, 힘들어 할 때에 기도로 받쳐 주신 장로님, 지금도 생생하게 장로님의 음성이 들린다. "목사님, 기도 없는 목회는 하나님의 능력을 상실하게 됩니다. 현장의 소리를 듣지 않으면 메마른 교회가 됩니다. 하나님의 뜻을 따른다면 두려울 것이 없습니다. 함께 아름다운 교회를 만들어 봅시다!" 장로님은 돌아가셨으나 그 음성은 생생하게 나의 목회와 함께 살아 있다.

"모든 기도와 간구를 하되 항상 성령 안에서 기도하고 이를 위하여 깨어 구하기를 항상 힘쓰며 여러 성도를 위하여 구하라"(엡 6:18).

봉사하기 위해 태어나신 분, 이상현 장로님

그 때는 교역자가 부족해서였겠지만 교역 경험이 전혀 없는 상태로 부모님을 모시고 경상남도 거창에 가서 단독 교회 전도사 생활을 시작하였다. 그 곳은 내가 한 번도 가본 일이 없는 생소한 곳이다. 서울까지 먼 거리 신학을 마치고 기도하였다. "하나님! 제 나름대로 교역을 시작하여 신학교를 마쳤지만 이제 정석을 배워야 합니다. 목회 잘하는 목사님을 만날 수 있는 기회를 주세요." 하나님의 응답으로 젊고 영력 있는 목사님에게 인도받아 1979년 1월부터 광주은광교회에서 이선 목사님을 모시고 강도사와 부목사로 4년을 지도받았다.

그 때 그 교회를 섬기던 이상현 장로님에 대한 얘기다.

이 장로님 얘기에 앞서 박승문 장로님의 얘기를 하고자 한다. 박 장로님은 이상현 장로님의 장인 되시는 분으로 그 교회 설립멤버였다. 팔순이 넘으신 장로님은 아침 식사를 마치면 부부가 아침기도를 하러 교회에 오신다. 기도

후 대개 그냥 들어가시지만 심방 갈 곳이 있어 모시고 가면 무척 좋아하셨다. 주일 새벽이면 주보를 200장씩이나 돌리셨다. 외부에 다녀오시면 그냥 오시지 않고 사무원의 머리핀, 교역자들의 볼펜 같은 간단한 선물을 하나씩 사 오셔서 싱긋이 웃으시며 전해 주셨다.

박 장로님의 뒤를 이어 일하던 이상현 장로님은 외과 의사였다. 광주기독병원 외과 과장으로 근무하다가 미국에 연수를 마치고 오신 후 개인병원을 개원하였다.

장로님은 교회에 봉사하기 위하여 태어나신 분 같았다. 교회당을 지을 때마다 집을 팔아 헌금하였다. 전세나 월세로 몇 년 살며 집을 한 채 마련하지만 교회당을 지을 때마다 팔기를 수차례 하였고, 목사님이 교회 개척 때문에 고민하면 장로님이 앞장서서 도왔다. 장로님은 마치 헌금하는 재미로 사는 분 같았다.

필자가 진료 받으러 갔다가 장로님 댁에서 점심 식사를 할 기회가 있었다. 간호사와 직원들이 함께하는 자리였는데 반찬은 단 두 가지뿐이었다.

장로님은 음악에도 재능이 있는 분이었다. 바이올린을 켜고 은혜로운 찬양을 하거나 피아노 치는 솜씨도 보통은 넘었다. 그래서 지휘자 반주자가 없으면 지휘와 반주도 하였다. 교회 섬기는 일에 헌금뿐 아니라 몸으로 하는 봉사도 최선을 다하였다.

   교인들은 대개 세 종류이다. 열심히 섬기면서 교회의 기득권도 주장하는 분, 행동은 뒷받침 되지 않으면서 말로만 앞장서는 분, 열심히 봉사하지만 말이 없는 분도 있다.

   장로님은 교역자를 예우하는 일에도 최선을 다하였다. 그런 장로님과 일하는 것은 목회자로서 매우 행복한 일이다. 그런 장로님이 늘 건강했으면 좋겠다.

"앉아서 먹는 자가 크냐 섬기는 자가 크냐 앉아서 먹는 자가 아니냐 그러나 나는 섬기는 자로 너희 중에 있노라"(눅 22:27).

있는 힘 다해 사랑을 실천한 신광식 장로님

거창 하성교회 전도사 시절, 굳어진 고정 의식을 갖고 마을 사람들을 전도하기가 너무 힘들었다. 기도하고 인내력을 갖고 하면 된다는데……. 기도 중 몇 가지 전도 방법을 착안하였다. 교회에서 반경 약 4Km 안에 있는 마을을 다니며 군에 가 있는 청년들의 주소를 파악하여 교회 여자 청년들에게 위문편지를 쓰게 하였다. 휴가나 전역하면 교회에 꼭 들리라는 말을 빠뜨리지 않았다.

그리고 도시에 나가서 회사나 공장에 다니는 여자 청년들의 주소를 입수하여 남자 청년들에게 편지를 쓰도록 하였다. 명절 때에 오면 교회에 꼭 들리라는 말을 빠뜨리지 않았다. 지서나 예비군 중대에 근무하는 청년들에게 밤중에 감자를 삶아다 주었고, 면사무소나 학교 숙직실에는 밤에 음료수를 사다 주었다.

부흥회를 하면서 오후에는 영농교실(잘 사는 법)을 운영하여 마을 사람들에게 농사, 축산, 과수, 하우스 재배법 등을 강의하였다. 강사는 인근 교회 장로님이나 집사님들 중 일가견이 있는 분들을 동원하였다.

교회당에 한 번도 발을 들여놓은 일이 없는 몇 사람이 참석하였다. 그 때 우리 교회 신우식 집사의 형님 신광식 씨가 새마을 지도자 복장을 하고 왔다. 이것이 그가 교회를 나오게 된 동기이다. 신광식 씨는 새마을 지도자 사례 발표를 할 때마다 와서 연설기법 지도를 받았다. 서툰 전도사의 설교하는 모습이 연설을 잘하는 것으로 보였던 모양이다.

그 교회를 떠난 지 10여 년 후 여수충무동교회를 담임하고 있을 때 신광식 씨가 찾아왔다. 서울에서 아동복 부띠끄송 영업담당 부사장으로 일하고 있으며 서울 모 교회 집사인데 곧 장로 장립을 받는다고 하였다. 장로 장립받기 전 전도받은 목사님께 먼저 식사를 대접하고 싶어서 왔다고 하였다.

장로님이 되어 섬기는 교회의 재정부장으로 건축위원장으로 최선을 다하였다. 내가 서울에 오자 모 교회로 함께 옮기자고 하였다. 그러나 어려움이 많은 교회를 놓아두고 옮길 수가 없었다. 기다리던 장로님은 내가 섬기는 교회로 오셔서 목사를 사랑으로 감싸며 돕고, 교회의 모든 부분에서 충성되이 섬기셨다. 몇 년 후 불행하게도 대장암에 걸리셨는데 때마침 의약분업으로 치료를 제때에 받지 못하였고, 병세는 점점 악화되었다.

어느 날 새벽기도를 마치고 병원에 갔을 때 장로님은 의식 불명 상태였다. 눈도 돌아가고 입도 돌아가고 손발도 돌아가 있었다. "장로님, 조금 더 살다가 함께 갑시다. 가시려면 함께 갑시다." 나는 울음이 복받쳤다. 그런데 환자의 의식이 점점 깨어났다. 눈도 돌아오고 입도 돌아오고 얼굴에 화기가 돌았다. 일어난 장로님은 이렇게 말하였다.

"목사님, 무슨 말씀입니까? 나는 때가 되어 가지만 목사님은 할 일이 많습니다. 제가 다 못 섬기고 가는 교회를 돌보셔야지요. 황금보석 꾸민 집에 먼저 가서 목사님의 거처도 옆에 마련해 놓도록 하겠으니 그 때 함께 삽시다." 의식이 없는 줄 알았더니 다 알아듣고 계셨다.

장로님은 얼마 후 세상을 떠났다. 지금은 주님이 마련해 놓은 천국집에서 찬양하고 계실 것이다. 그의 5형제는 다 신앙생활을 잘하고 있다. 대구에 있는 동생 신우식 장로님은 지금도 가끔 안부를 물어온다. 그는 실로 목사를 사랑한 장로님이었다.

아낌없이 드리는 최창근 장로님

　필자는 영락교회에 10년 간 부목사와 수석부목사로 시무하면서 수많은 훌륭한 장로님들을 접할 수 있었다. 최창근 장로님도 그런 분들 중의 한 분이시다. 한국 교회에서 최 장로님을 모르는 사람들은 거의 없을 정도이다. 이런 분에 대해서 필자가 수박 겉핥기식으로 평한다는 것은 대단히 실례가 되며 장로님께 누가 될까봐 두렵다.
　최창근 장로님은 1961년에 영락교회에서 장로로 임직되신 이래 정년 은퇴하시고 원로장로가 되시기까지 한경직 목사님, 박조준 목사님, 김윤국 목사님을 잘 섬기시면서 교회의 난제를 해결하고 화목과 부흥발전을 위해서 누구보다도 물심양면으로 헌신 봉사하셨다. 원로장로가 되신 후에도 시무장로 때 못지않게 더욱 기도하며 오른손이 하는 일을 왼손이 모르게 드리면서 봉사하셨다.
　필자가 영락교회를 사임하고 신촌교회에 부임한 이후에도 장로님의 그런 모습을 지켜볼 수가 있었다. 그 분은 교회와 노회와 총회를 위해서, 그리고 사회와 국가를 위해서 교육, 봉사, 선교 등 각 분야에서 아낌없이 모든 것을 바치며 섬기셨다. 그의 활동 분야를 제한된 지면에 전부 소개하기란 불가능하다.

여러 기독교 중·고등학교와 대학교와 신학교에서 이사와 이사장을 역임한 교육 사업을 비롯해서 총회적으로는 본 교단의 총회 회계 등 임원 활동을 하였고 기독공보 이사장 및 사장, 한국기독교총연합회 이사 및 부회장, 한국국제기드온협회 회장, 한국기독실업인회 회장, 세진회 회장 및 이사장 등등, 이루 말할 수 없이 교회 안팎의 70여 기관에서 물심양면으로 헌신 봉사하셨다. 정부로부터 훈포장도 몇 차례 받으셨다.

그의 섬김 철학은 모든 것이 주께로부터 왔기 때문에 내 것이 아니라는 철두철미한 신앙으로 하나님의 것을 잘 받아서 잘 관리하여 필요적절 할 때 잘 드리는 것이다.

그 분이 기증한 부동산은 참으로 방대하다. 필자가 기억하는 것만으로도 영락공원 묘지인 십수만 평의 영락동산을 비롯해서 영락중·고등학교 대지, 아세아연합신학교 대지, 기독교방송국 대지, 실로암 안과 병원 대지 등 금싸라기 같은 땅을 아낌없이 드리셨다. 하나님의 것을 하나님께 반환하신 것이다. 그외 나타나지 않은 것들도 많다.

그 분은 그의 일생을 통하여 사선을 넘나들었던 위기 상황에서 하나님의 건져 주심에 대한 간증과 고백을 하며 모든 것이 하나님 은혜라고 언제나 말씀하시곤 하셨다. 무엇보다도 그 분은 자녀들에게 유산 안 남겨 주기 운동을 전개하여 솔선수범하셔서 실천하셨다.

참으로 축하하고 기뻐할 것은 지난해 최창근 장로님께서 사모님이신 김양선 권사님과 결혼 70주년을 맞으신 일이다. 아무리 장수하는 시대가 되었다고는 하지만 70세를 넘기지 못하고 세상을 떠나는 경우가 비일비재한데 결혼 70주년을 맞는다는 것은 그렇게 흔하지 않은 일이다. 하나님의 특별하신 은총이 아닐 수 없다.

노년에 모든 것을 다 아낌없이 드리고, 유산은 자녀들에게 남기지 않고 현재 복지시설에서 양주분이 여생을 기도하면서 보내고 계신다. 결혼 70주년을 넘긴 저 분들을 위해서 고린도후서 4:16이 쓰여졌나 보다.

"그러므로 우리가 낙심하지 아니하노니 겉사람은 후패하나 우리의 속은 날로 새롭도다"(고후 4:16).

부르심에 응답하는 정의승 장로님

장로는 교회에서 참으로 중요한 직분이다. 필자의 집안에도 장로가 많아서 장로들의 노고와 고충을 누구보다도 잘 알고 있다.

형님과 매형님은 각기 한 교회에서 20~30년 이상 시무하고 정년이 되어 원로장로가 되셨고, 아우와 두 생질이 시무장로로 교회를 섬기고 있다. 친척 중에 장로로 교회를 섬기다가 작고하신 분도 두 분이나 계신다.

금번 한국문서선교회에서 「목사가 감동한 그때 그 장로」란 책자를 출판하는 기회에 하나님을 위하여, 교회를 위하여, 나라를 위하여 부르심에 응답하며 합당하게 살고자 노력하고 있는 모범적인 장로를 소개하게 된 것을 기쁘게 생각한다.

주인공은 서울 마포구에 소재한 열림감리교회를 섬기고 있는 정의승 장로이다. 장로교 목사인 필자가 굳이 감리교 장로를 소개하는 이유는 감동과 감격을 안겨 준 장로들이 교파를 초월해서 널리 알려졌으면 하는 바람 때문이다.

정의승 장로(1939.5.15 生)와 필자(1939.5.21 生)는 동갑이고, 태백시의 장성초등학교 제13회 동창으로 70고개를 바라보는 죽마고우이기도 하다. 그는 장로가 되었고, 필자는 목사가 되어서 새벽마다 정 장로는 필자를 위해서 기도하고, 필자는 정 장로를 위해서 기도하는 신앙의 교류와 우정을 계속 유지하고 있다.

필자가 살아오면서 느낀 소중한 보람과 감격은 어린 시절 초등학교 때 필자가 친구 정의승을 교회로 인도하였다는 사실이다. 그래서 요즘도 목회를 하면서 어린이들을 위한 교회학교 교육이 얼마나 중요한가를 절감한다.

정 장로는 서울대학교 문리과대학에 입학했으나 적성에 맞지 않아서 중퇴하고 해군사관학교에 입교, 1963년 소위로 임관한 이래 14년 간 해군장교로 복무했으며, 1977년 중령으로 예편했다.

예편 후 독일 엔진 제작사인 MTU사 한국사무소에서 근무하던 중 1983년에 독일잠수함과 그 기술도입을 위해 학산실업주식회사를 설립했다. 이를 계기로 오늘날까지 잠수함입국에 대한 강한 신념을 가지고 관련 기업인의 입장에서 한국잠수함 증강 노력에 줄곧 참여하였고, 2006년에는 「한국형 잠수함 KSX」전문 책자를 출판하기도 했다.

그는 오직 하나님의 영광을 위하여 교회와 사회와 국가를 위해서 부르심에 응답하는 삶을 살고 있다.

그는 여러 교회를 지어서 바치기도 했다. 지금의 열림감리교회도 거의 사재를 드려서 건축했는데 이런 일로 인해 교회에 부담이 되거나 알려지는 것을 늘 꺼린다. 담임목사를 잘 모시고 교회의 화평을 도모하며 교회 대내외 사업에 최선을 다하고 있다. 그는 몸담고 있는 개교회 뿐만이 아니라 어려운 농촌교회 지원에도 누구보다 앞장선다.

구체적인 예로 어려운 농촌교회 100교회를 선정하여 매 교회당 매월 10만원씩 교역자 생활보조비로 무려 15년간에 걸쳐서 계속 돕고 있으며, 1년에 한두 번씩은 지원하는 교회 교역자들 내외를 위해서 위로와 격려로 일류 호텔이나 콘도시설을 준비하여 며칠간 그 노고를 풀어 드리고 그들의 사기를 진작시키는 일을 지금까지도 해오고 있다. 이런 지원사업은 앞으로 교파를 초월해서 확대 실시할 것을 계획하고 있다.

지역사회를 위해서도 마포구 7개동의 독거노인 150세대와 중증장애인 가정 15세대에 매월 쌀 한포와 라면 한 상자씩을 12년째 돕고 있으며, 뿐만 아니라 그들을 위해서 봄, 가을 그리고 특별한 명절날에 위로잔치를 베푼다. 불우 이웃들을 위한 그리스도 사랑의 손길이 되어 주고 있는 것이다.

　교육사업에도 심혈을 기울이고 있다. 10여 년 전부터 사재를 털어서 열림장학재단(재단법인)의 우양(愚羊)장학회를 통하여 150명의 대학생들에게 장학금을 지급하고 있으며, 절반은 해외 유학생들을 돕는 정 장로의 모습 속에서 그가 인재양육에 얼마나 관심이 많은지를 잘 알 수 있다. 愚羊(어리석은 양)은 그의 아호이다. 뿐만 아니라 하늘샘터(사단법인)를 통해서 앞서 소개한 소외계층 불우이웃과 탈북소년소녀들을 돕는 데에도 앞장섰다.

　3년 전에는 감리교신학대학교 대강당(웨슬레채플)을 위해 40억을 헌금하여 건축했으며, 여러 해 전에 몽골 울란바토르에 5억 원을 들여 후레정보통신대학을 지어서 몽골 청년들의 교육과 선교에 기여하고 있다. 앞으로의 계획은 몽골에서 최고의 기독교대학을 건립하는 것인데 이를 위하여 비전을 갖고 기도로 준비 중이다. 현재 약 200억 원을 준비했는데 몽골에서 200억이면 화폐값어치가 적은 것이 아니다. 그는 국가적인 차원에서 1997년에 한국해양전략연구소(재단법인)를 설립하여 이사장으로 활동 중이고 필자도 15명의 이사 중 한 사람이며 유일한 목사로 참여하고 있다.

　그는 일상생활을 통해서 록펠러의 신앙지침을 좌우명으

로 삼고 있다.

(록펠러 어머니의 열 가지 유언)

1. 하나님을 친아버지로 섬겨라.
2. 목사님을 하나님 다음으로 섬겨라.
3. 오른쪽 주머니는 항상 십일조 주머니로 하라.
4. 아무도 원수를 만들지 말라.
5. 예배시간에는 항상 앞자리에 앉아라.
6. 주일예배는 본 교회에서 드려라.
7. 아침에 목표를 세우고 기도하라.
8. 아침에는 꼭 하나님 말씀을 읽어라.
9. 남을 도울 수 있으면 힘껏 도우라.
10. 잠자리에 들기 전 하루를 반성하고 기도하라.

정 장로님은 나에게 가끔 두 가지를 말한다.
첫째는 부르심에 응답하는 삶을 살겠노라는 것이고, 또 하나는 사도 바울이 "내가 만약 복음을 전하지 않으면 내게 화가 있으리라"고 말한 것과 마찬가지로 하나님께서 주신 물질을 올바르게 쓰지 아니하면 화가 있을 것이라고 믿는 것이다.

필자는 그의 삶속에서 그런 고백의 이유를 발견할 수 있었다. 이런 신실한 장로를 친구로 주신 하나님께 언제나 감사한다.

"형제들아 각각 부르심을 받은 그대로 하나님과 함께 거하라"(고전 7:24).

언제나 "예(Yes)"하는 강하순 장로님

　신학교를 졸업하고서 3년 동안 전도사와 강도사, 부목사를 거쳐 처음 담임목사로 부임한 곳이 지금은 시로 승격한 태백의 황지교회였다. 필자가 6대 목사로 부임하였다. 비록 그 당시엔 읍 단위인 광산촌의 한 교회이긴 했어도 전임 목사님들은 대단히 훌륭한 선배들로서 목회의 노하우를 가지셨던 노련한 분들이었다. 이런 분들이 거쳐 가신 후에 애송이 목사가 부임해서 목회를 한다고 했으니 얼마나 황당한 일이었겠는가?
　내 딴엔 소명과 사명으로 목회를 한답시고 천방지축(?)으로 설쳤던 것을 생각하면 지금도 어이가 없을 정도이다. 그러나 필자가 그 곳에서 6년 간 대과(大過)없이 목회를 할 수 있었던 것이 하나님의 은혜임은 말할 것도 없으며, 또 한 가지 그 곳 황지교회에 아버지와 같으신 장로님들이 계셨기 때문이었다. 참으로 어린 목사인 필자가 그 당시에 장로님들로부터 많은 사랑을 받았다. 그 분들 중에서 아직도 생존해 계신 분이 강하윤 장로님이다. 황지교회에서 31년 간을 장로로 시무하고 정년이 되어서 은퇴하시고, 지금 그 곳 교회에서 원로장로로 계신 강하윤 장로님은 필자의 목회 일생을 통해서 결코 잊을 수 없는 분이다. 그 분은 학벌이나 사회적 명성을 가진 분은 아니셨다. 그럼에도 불구하고 온유와 겸손으로 정성을 다해서 긍정적으로 교회를 섬기셨고, 황지지역사회에서도 존경을 받으셨다.

필자를 무척이나 사랑해 주셨던 강 장로님은 당회 시에 "아니오"가 없으신 분이셨다.

지금도 잊지 못하는 것은 언젠가 당회 시에 있었던 일이다. 지금 생각하니 그 당시에 장로님의 의견이 옳고 나의 의견이 적합하지를 않았는데도 당회를 마무리할 때 어린 당회장인 필자의 심기가 상할까봐 "목사님의 의견대로 따르겠습니다."라고 하셨다. 필자에게는 언제나 강 장로님은 "예"하는 장로님으로 오래오래 기억에 남아 있다.

성경말씀대로 살아보려고 애쓰시던 모습이 지금도 눈에 선하다. 자녀들을 말씀으로, 믿음으로 키우려고 늘 기도하셨다. 지나가는 손님이 교회에 들릴 때 언제나 당신의 지갑을 열어서 개인적으로 대접하시면서, "자녀교육 잘 시키고 나그네를 잘 대접하라"는 말씀을 몸소 실천하셨다.

온유, 겸손, 화평으로 일관하면서 교회를 봉사하셨던 강 장로님! 황지교회와 강 장로님이 계셨기에 오늘의 나의 목회가 있다고 느낀다. 황지교회 6년, 영락교회 10년, 현재 신촌교회 20년……. 해가 가면서 더욱 강 장로님이 기억에 떠오른다.

하나님께서는 강 장로님의 자녀들에게 많은 복을 주셨다. 비록 장로님 내외분은 많은 공부를 하시지 못했어도 2남 5녀 모두가 명문 대학을 졸업하였다. 부모의 신앙 유산을 이어받아 장남은 목사로 시무하고, 차남은 아버지의 대를 이어 황지교회 장로가 되어서 열심히 시무하고, 딸, 사위들 모두 교회를 잘 섬기며 사회활동에 최선을 다하는 모습을 본다. 자녀들 중에서 몇 명은 필자가 직접 중매도 해주었고 결혼 주례도 해주었다. 이런 인간적인 관계는 또 다른 목회의 보람이기도 하다.

언제나 "예"로 일관하시는 강하윤 원로장로님께서는 필자에게 뿐만 아니라 황지교회를 거쳐간 모든 목회자들에게 그러하셨다. 이제 필자도 서서히 목회의 마감단계를 접하고 있는데, 지난날 철부지 목회시절에 온유하고 겸손하신 장로님께서 "아니오"가 아니라 "예"로 보필해 주셨던 고마운 모습이 큰 감격과 감사로 남고 있다.

"너희가 즐겨 순종하면 땅의 아름다운 소산을 먹을 것이요"(사 1:19).

"내가 십자가를 져야지요."
건축위원장을 자청한 김광희 장로님

어느 교회나 교회당을 건축하려면 적잖은 어려움을 겪지만 필자가 섬기고 있는 교회는 우여곡절이 유난히 심했다. 교회 건축을 위해 1992년 6월에 건축위원회가 조직되었고, 1994년 10월에 기공예배를 드렸다. 그런데 인근 아파트 주민들의 반대 시위가 시작되었는데 이해하기 어려운 행태가 많았다.

당시 필자는 방송선교기관을 섬기면서 소속 목사로 이 교회를 돕고 있었다. 담임목사는 그런 가운데서 교회당을 철거하고 인근의 예전 학교 건물 4층을 빌어 예배를 드리면서 공사를 진행했다. 주민들과의 갈등이 심해지면서 공사는 중단되었고, 그 영향으로 담임목사가 심근경색을 일으켰다. 결국 담임목사는 '이곳에서는 목회할 수 없다.'는 판단으로 강남 대치동에서 수지로 교회당을 이전하기로 결정하고, 수지에 5700여 평의 부지를 매입했다. 그런데 이번에는 매입한 부지의 세입자들이 교회가 들어오는 것을 막아 교회는 진퇴양난의 처지가 되었다. 주민들 문제를 해결하고, 임시 조립식 건물을 지어 1997년 부활절에 첫 예배를 드렸는데 뜻밖에 담임목사가 위암말기인 것이 발견되었다. 결국 담임목사는 9월에 하나님의 부르심을 받았다. 최대의 위기였다. 교회를 둘러싸고 '와해' '공중분해' 이런 말들이 나오기 시작했다.

부족한 필자는 11월에 섬기고 있던 방송선교기관을 떠나 이 교회의 8대 담임자로 부임했다. 부임한 직후부터 성전건축에 착수하기 위해 진력했는데 때마침 터진 것이 IMF였다. IMF에 굴하지 않고 1998년 성령강림절인 5월 31일에 재 착공을 했다. 두어 달은 공사가 순조로운 것 같더니 시공 회사의 부도로 공사를 중단하였다. '성령도 IMF에는 떠는군!' 탄식을 했다. 인부들의 무리한 항의 시위, 교인들의 좌절감 등, 산 너머 산이라더니 정말 그 모양이었다. 이 사태를 수습한 다음에 건축위원장이 사임을 했다.

다시 공사를 시작해야 하는데 건축위원장을 맡겠다고 하는 장로님이 없었다. 그 판국에 누구도 총대 멜 엄두를 내지 못했을 것이다. 여러 달 고심 끝에 목사가 건축위원장을 한 사례도 있다는 것을 알고 필자가 건축위원장을 맡고,

건축에 대해 잘 아는 젊은 장로님 한 분을 총무로 임명해서 3차 착공을 하려고 마음먹고 기획위원회(장로교의 당회)에 그런 의사를 밝혔다. 그 때 저 한구석에 말없이 앉아 있던 김광회 장로님이 고개를 들더니 "나이가 제일 많은 제가 십자가를 져야지요."라고 했다. 공사가 중단되고 근 반년만의 일이었다.

김광회 장로님이 건축위원장을 자청하자 모두 의외라고 생각했다. 김광회 장로님은 무척 합리적인 사고와 판단을 하는 분으로 다소 무리한 면이 없지 않았던 지금까지의 건축에 대해 소극적인 자세를 보였기 때문이었다. 그런 분이 건축위원장을 맡으니까 그 분의 말은 큰 설득력을 발휘했고 교인들은 잘 따랐다. 그 분의 치밀하고 헌신적인 지휘 밑에 재 착공, 교육관 준공, 본당 준공 등 여러 절차가 빈틈없이 진행되어 2005년 부활절에 예배당을 준공하고 입당할 수 있었다.

입당 예배를 드리면서 필자는 '내가 십자가를 지겠습니다.' 라는 마음으로 건축위원장의 어려운 책임을 맡은 김광회 장로님의 희생정신에 대한 상급으로 대지 5700평, 연건평 3700평, 3500석 규모의 교회당을 준공할 수 있도록 주님께서 도우신 줄로 믿는다고 마음으로 고백했다. 그리고 시간이 흘러도 그 고백은 변하지 않고 있다.

무교회주의자 남편을 경건 챔피언스로 바꾼 최연순 장로님

2004년 6월에 세상을 떠난 이기백 교수라고 하면 한국사 연구에서 불후의 고전이 된「한국사신론」의 저자이며, 신민족주의사관을 확립한 저명한 사학자라는 점은 잘 알고 있다. 그러나 그가 깊은 경건을 소유한 신앙인이었다는 사실을 아는 사람들은 많지 않다.

이 분은 신앙의 가문에 태어났다. 오산학교 설립자인 남강 이승훈 장로님이 종고조부가 된다. 그런데 이 분은 70대 초반까지 무교회주의자로 지냈다. 이 분의 선친은 우리나라 대안학교 1호인 풀무학원(홍성 소재) 설립자인 이찬갑 선생이다. 풀무학원이 무교회주의자들로 중심을 이루었던 것을 보면 아마 선친의 영향 때문이 아닌가 여겨진다. 이 분은 무교회주의 지도자들과 깊은 교제를 가지고 있었으며, 지도자들의 저서가 나오면 필자에게 건네주기도 하였다.

이기백 교수는 70대 중반에 제도권 교회 안으로 들어왔다. 시간이 흘러 집사 직분을 받았고, 주일 아침 7시에 드리는 1부 예배에 빠지는 일뿐 아니라 늦는 일도 없었다.

필자의 부족한 설교를 진지한 태도로 경청하였고 찬송가 492장 '나의 영원하신 기업 생명보다 귀하다'를 좋아하였다.

어느 해인가, 신년 심방을 가서 "우리는 진리를 거스려 아무것도 할 수 없고 오직 진리를 위할 뿐이니"(고후 13:8)라는 말씀을 드렸더니 "성경에 이와 같은 말씀이 있었나?" 하는 얼굴로 그 구절에 중요하다는 표시를 하였다. 한번은 느닷없이 전화를 해서 "목사님, 제가 불가불 주일을 범하게 되었습니다." 하기에 이유를 물었더니 "저의 모교인 와세다대학에서 명예박사 학위를 받게 되었는데 학위 수여식을 주일에 한답니다."라고 대답하며 다시 한번 죄송하다고 말했다. 그리고 토요일에 출국해서 주일에 학위를 받고 그날 밤으로 귀국하였다.

이 분을 이렇게 변화시키는데 큰 역할을 한 사람은 부인 최연순 장로님(현재는 원로장로)이다. 최 장로님은 정말 극진하게 이기백 교수를 섬겼다. 이기백 교수가 70살이 되던 해인 1994년에 출간한 「연사수록(研史隨錄)」 머리말에 "나는 이 책을 40여 년 간 나와 괴로움과 기쁨을 같이 나눠온 아내 최연순에게 바치고자 한다. 가난할 뿐만 아니라 세상 물정에 어둡고, 또 하루도 아프다는 말을 안 할 날이 없을 정도로 병약한 나를 위하여 아내는 자기 스스로 발전할 수 있는 기회를 모두 희생하며 오늘에 이르고 있다. 이 사실을 여기에 적어서 고마운 뜻을 나타내고자 하는 것이다." 하며 끝을 맺고 있다.

장로인 아내의 그런 헌신이 이 분을 교회 안으로 이끈 것이다. 이 분이 병이 깊어졌을 때 병상 심방을 가서 여러 가지로 위로하고 생명을 연장시켜 달라고 간구하였다. 그런데 이기백 교수는 "하나님이 부르시면 가야지요." 담담하게 말하였고 며칠 뒤 새벽에 조용하게 하나님의 부르심에 응했다. 신앙의 높은 경지에 이른 분들만이 보여줄 수 있는 모습이다.

자칫하면 무교회주의자로 생을 마칠 뻔했던 한국 최고의 지성인을 이와 같이 모범적인 신앙인으로 변모시킨 최연순 장로님의 모습을 대할 때마다 지금도 신앙의 향기와 힘이 어떤 것인가를 다시 깨닫곤 한다.

소명감 넘치는 영원한 '이슬비 청년' 여운학 장로님

목회현장에 있으면서 한국 교회 안에서 여운학 장로님을 발견한 것은 내게 참 행복한 일이다. 이 척박한 기독교 문화토양에서 여 장로님이 하시는 일은 참으로 귀하고 아름다운 사역이기 때문이다. 다른 교회 장로님이신 여운학 장로님의 사역을 다 알지 못하지만, 1980년대부터 기독교 출판 사업에 몸담으셔서 좋은 책도 참 많이 내셨고, 기독교문화운동에 매우 창의적인 일들을 아주 많이 하신 어른으로 꼭 많은 분들에게 추천하고 싶은 마음이다.

무엇보다도 한국 사회가 산업화 시대를 거쳐 정보화 시대로 들어서면서 우리의 정서를 메마르게 한 것은 '편지'를 쓰지 않는 풍조였다. 바쁘다는 핑계로, 피곤하다는 이유로 언제부터인가 우리는 멀리 떨어져 있는 가족, 군에 가 있는 아들, 친구와 친척들에게 붓을 들고 편지 쓰는 일을 거의 잊어버리고 사는 세월이 되어버렸다. 이 '편지'라는 것의 의미는 소식을 전하는 단순한 의미를 훨씬 뛰어넘는 무엇이 담겨있지 않은가? 이런 세월을 안타깝게 여긴 여 장로님께서는 <사랑의 편지> <이슬비 편지>를 시작하셨다. 편지 쓰기 어려운 상황에서도 친지에게 마음을 전할 수 있는, 아주 아름답고 의미 있는 여러분들의 글들을 예쁘게 디자인하여 보급한 일은 이윤추구의 사업을 넘어서는 귀한 사역이라고 믿는다.

그 외에도 이슬비장학회, 이슬비전도학교, 이슬비성경암송학교, 지하철 사랑의 편지 등등 수없이 많은 문서선교 내용을 보며 여운학 장로님은 정말 아이디어 뱅크라 생각된다.

많은 분들이 여 장로님을 '규장문화사' 라고 하는 출판사의 설립자로, 이슬비 편지 창안자로만 기억하고 계실지 모르지만, 요즘 그분은 성경암송학교를 열고 분주히 노익장을 과시하고 계신다. 지금도 규장문화사 회장이지만, 한국 교회와 성도가 생명력을 유지할 수 있는 유일한 길이 복음전도와 성경암송이라고 굳게 믿고 왕성한 활동을 계속하고 계신다.

성경 1200구절을 외우는 암송 왕

이런 여 장로님의 연세는 어느 정도일까? 놀랍게도 70

대 중반이다. 손주들의 재롱잔치에 흥겨워 할 법한 연세에 장로님은 신구약 성경 1,200구절을 줄줄 외우고, 그것도 모자라 자신의 암송 비법을 주부와 학생들에게 열심히 가르치고 계시니 참으로 존경스럽다. 최근에는 그 내용을 「말씀이 너무너무 좋아서」라는 책으로 묶어내시고 말씀의 맛이 송이꿀보다 더 단 것인지를 증명하고 계신다.

70대 중반의 연세에 1,200구절의 성경암송, 저작활동, 출판사, 장학회, 성경암송학교로 이어지는 업무와 강의 등이 모든 것을 소화해내는 그분의 '저력'은 어디서 나오는 것일까? 여 장로님의 사역 내용을 보면 단순히 육체적인 활동뿐만 아니라 왕성한 정신활동까지를 포함하는 것이다.

"매일 열심히 걷습니다. 집사람과 함께 인근 공원을 규칙적으로 산책하고 팔굽혀펴기도 빼놓지 않지요."

이렇게 말씀하시며 팔을 걷어 알통을 보여 주기까지 하시는 여 장로님의 얼굴은 70 중반의 노인이라고는 도저히 믿을 수 없을 만큼 활력에 가득 차 있다. 그의 운동은 단순히 육체적인 영역에 국한되는 것이 아니어서 더욱 귀하게 생각된다.

"걸으면서 성경을 암송합니다. 성경암송은 특별히 다른 도구를 필요로 하지 않아요. 그냥 걸으면서 기억하고 있는 성경 구절들을 계속 암송합니다. 운동도 하고 성경암송도

하고 일석이조이지요."

 이런 장로님께서 요즘은 한국 교회의 미래를 준비하는 일에 열심이시라고 한다. 하나의 문화가 뿌리를 내리는 데는 90년 정도의 시간이 소요된다고 한다. 한 집안의 경우, 30년씩 3대를 거쳐야만 하나의 문화가 그 집안의 문화로 완전히 체질화되고 정착된다는 것이다.

 그런데 한국 교회는 지금 이런 부분에 별다른 신경을 쓰지 않고 성장에만 몰두하고 있기 때문에 당장 앞으로 30년만 지나면 한국 교회의 미래가 극히 불투명하다는 것이다. 여 장로님께서 이런 염려를 심각히 하시면서 어머니들이 아이를 잉태하고 성경을 태교로 암송하는 것이 얼마나 중요한 것인지 강조하고 또 태아 교육을 시행하고 계시는 것을 볼 때 옷깃을 여미게 된다. 지금 기존 세대가 모두 죽고 나면 과연 이 다음 세대가 세계 각국으로 선교사를 파송하고 한국 교회를 이끌어 갈 수 있을 것인지에 대해 심히 우려하며 사역을 창의적으로 고안해 내시는 모습을 보면 더욱 그렇다.

 그래서 "자녀에게 성경을 가르치자"는 것을 주창하시게 되었다. 그것도 그냥 가르치는 것이 아니라 '외우는 것'을 강조하신다. 어린 시절 암송된 성경 구절은 평생을 가며 한 인간의 미래를 이끌어간다는 것은 우리도 다 알고 있지만, 여 장로님은 일구월심 이 일을 위해 삶을 진하게 투자하고 계신다. 특히 아이의 성경암송을 위해서는 어머니의 협조가 절대적이다. 그냥 아이만 외우라고 할 것이 아니라 어머니가 함께 외우며 아이를 가르쳐야 아이도 열심히 한다는 것이 그분의 지론이다.

그는 현재 '303비전 꿈나무'를 키우고 계신다. '303비전 꿈나무'는 한국 교회의 30년 후 미래를 준비하는 장로님의 장기 포석이라고 하신다. 쉽게 말하면 성경암송을 열심히, 그리고 잘 하는 어린이들을 모범생으로 선발해 임명장을 수여하고 포상하는 일이다. 학생들은 성경암송과 독서 토론 등을 통해 집중력, 자신감, 자제력 등을 양성하게 된다. 그리고 이렇게 자라난 이 아이들이 앞으로 30년 후 한국 교회와 한국 사회를 책임지는 자원이 되는 것이다.

'이슬비 청년'이라 부를 수 있는 여 장로님의 활력의 비밀은 바로 다음 세 글자로 표현할 수 있다.

'사/명/감.'

한국 교회의 미래를 염려하고 나름대로 대안을 마련해서 열심히 실천해가는 열정이야말로 그분을 생동감 넘치게 하는 '청춘의 묘약'이라 하겠다.

여운학 장로님의 웰빙 비법

첫째, 지속적이고 꾸준한 육체적, 정신적 운동이다.

매일 일정한 시간 동안 지속적으로 걷는다. 차를 이용하지 않고 가능하면 걷는다. 걸으면서 성경구절을 암송한다. 걸으면서 성경구절을 암송하면 육체뿐만 아니라 정신도 건강해진다.

둘째, 깊은 신앙심과 사명감이다.

한국 교회를 위한 사명감, 사회에 대한 책임감이 강하다. 평범한 개인이지만 자신보다 큰 공동체를 생각하고 그 공동체에 기여하기 위해 꾸준한 활동을 할 때 보람과 성취감, 의미를 얻게 된다. 삶의 의미를 어디에 두느냐에 따라 개인의 삶의 질과 성취도가 달라진다. 젊고 활력 있게 살고 싶다면 자신을 벗어나 대의에 '봉사' 하라.

복음과 조국을 위해 목숨까지도 내놓으신 김성은 장로님

　신일교회에서 30년을 목회하면서 기억하는 많은 사람들 중에 참으로 그리운 사람이 있다면 김성은 장로님이다. 하나님의 은혜로 장로님을 만나서 30여 년을 주님과 동행하며 함께 울고, 함께 웃으며 지나온 세월은 행복한 시간이었다. 때로는 사랑 많은 어머니같이, 때로는 형님같이, 때로는 엄한 아버지같이 나를 아껴 주며 분에 넘치는 사랑을 베풀어 주셨다.

　장로님과 대화 중 이런 고백을 들었다. 6·25때 총알이 빗발처럼 퍼붓는데도 그 총알을 피하고, 여러 가지 국가의 정변이 일어나고, 쿠데타가 일어나도 그 때마다 휩싸이지 않은 것은 "하나님께서 나를 곰과 사자의 발톱에서 구원해 주셨기 때문이다." 라고 고백하셨다. 장로님은 하나님의 은혜에 늘 감사하던 분이었다. 우리가 성전을 지을 때 교회 건축 부지 불하를 받지 못해서 애를 많이 썼는데 불하를 받고 건축을 시작하게 되어 얼마나 감격스러웠던지 나를 비롯한 김성은 장로님과 여러 장로님들이 불하받은 땅에 무릎을 꿇고 눈물을 흘리며 감사기도를 드렸고 그 땅에 입을 맞추었다. 그때를 잊을 수가 없다. 그렇게 신일교회를 지은 것이다.

건축위원장인 김성은 장로님은 새 성전건축을 결의하자 다윗왕이 생전에 성전건축을 위하여 끊임없는 기도와 많은 물자를 비축했던 일을 본받아 성전 전면에 큰 바위 두 개를 놓기로 작정하고 여러 곳을 답사하였다. 그러던 중 강남에서 여러 돌 가운데 깊이 간직되어온 새끼 밴 한 마리의 살찐 양 모양의 돌을 발견하였다. 그 후 또 한곳에서 손가락으로 하늘을 가리키는 독특한 모양의 돌을 발견하여 함께 가서 기도드리고 신일교회를 위해 예비된 돌이라고 하시면서 실어왔다. 와서 보니 어미 독수리가 새끼 독수리를 안고 하늘로 솟아오르는 모양 같기도 하고 예수님께서 연민하는 옆 얼굴 모양 같기도 하였다. 성전건축 기공식을 기념하여 어미 양 모양의 돌에는 "만세반석", 손가락 모양의 돌에는 "저 높은 곳을 향하여" 라는 글자를 새겼다.

그리고 내가 중풍으로 쓰러졌을 때, 소식을 듣고 달려온 장로님들은 석고상처럼 굳어버린 담임목사를 껴안고 눈물의 기도를 드렸다. 특히 국방부장관을 지낸 김성은 장로님의 간병은 눈물겨웠다. 불편한 노구를 이끌고 병실을 찾아온 장로님은 혼신의 힘을 다해 내 몸을 만지고 주물러 주었다. 그렇게 만져줄 때에 피가 돌아서 일어났는데, 그 후에 몸이 부실해서 어정어정 걸으니 장로님이 여러 가지 좋은 것을 먹게 해주고, 2년 동안 우리 집에 안마사를 보내서 안마를 받게 하여 이렇게 건강한 모습으로 살게 되었다.

대한예수교장로회 총회장이 된 후에 나를 얼마나 많이 격려해 주셨는지. "나보다 더 건강해서 목사님이 한국 교회와 대한민국을 끌고 가야 해요."라는 말로 용기를 주셨다.

「그리운 사람아」라는 설교집을 제작할 때 장로님의 축사를 기억하고 있다. "이광선 목사님은 말씀의 훌륭한 요리사이다. 똑같은 하나님의 말씀이지만 그 말씀이 이광선 목사님 손안에 들어갔다 나오면 맛깔지고 영양이 풍부한 말씀으로 바뀌어져 성도들을 행복하게 한다."는 장로님의 말씀을 되새기며, "말씀의 좋은 요리사"로 살고자 한다.

그리운 장로님의 이름을 다시 한번 불러본다. 김성은 장로님!

담임목사의 말을 두말없이 받아들이시는 김양제 장로님

새문안교회 원로장로 가운데 한 분이신 김양제 장로님은 내 고등학교 은사 중 한 분이시며 특히 1학년 때 담임선생님이셨다. 내가 새문안교회 담임목사로 부임했을 때 장로님은 이미 원로장로로 은퇴해 계셨다.

시무장로로 계실 때에는 깐깐하시고 철저하셨다고 한다. 언행이 일치하셨고 일단 은퇴하신 후부터는 교회나 당회 일에 일체 간섭하지 않으신다고 존경받는 분이시다. 장로님을 훌륭하신 분으로 재확인하게 한 일이 몇 가지 있다.

나는 새문안교회에서 설교를 시작한 지 얼마 안 되어 장로님한테 눈에 띄는 한 가지 습관을 발견했다. 그것은 내가 설교를 시작할 때와 설교를 마칠 때, 예배를 마칠 때마다 시계를 들여다보시는 습관이었다. 나는 그것을 주일 5부 예배까지 있는 교회에서 설교가 너무 길어져서 예배 마치는 시간이 늦춰지면 여러 가지로 불편한 일들이 발생할

까봐 목사들에게 주의를 환기시키기 위한 뜻이리라 여기면서도 그다지 유쾌하게 받아들여지지 않았고 신경이 쓰이기까지 했다.

그래서 어느 수요일 저녁 예배 때 설교하면서 자연스럽게 그 행동에 대해서 언급할 기회를 가졌다. 아무리 좋은 동기에서 하는 일이라 하더라도 설교자로 하여금 설교에 몰두하지 못하고 신경 쓰게 하는 행동은 삼가는 것이 좋겠다고 말했다.

나는 그 후로부터 장로님께서 예배 시간에 시계를 들여다보시는 것을 한 번도 본 적이 없다. 비록 자신의 행동에 정당성을 부여할 수 있다 하더라도 아들 같은 제자인 담임목사의 말 한마디를 두말없이 받아들이고 곧바로 실천하신 분이다.

장로님은 옛날 국어 선생님답게 주보에 실린 글 가운데 오자를 잘 잡아내곤 하셨으며, 그럴 때마다 반드시 찾아오셔서 그것을 일러주곤 하셨다.

나는 설교 도중에 이에 관해서도 언급하였다. "사람은 실수하는 존재다. 아무리 주의를 기울이고 완벽하려 해도 실수할 때가 있다. 주보에 오자 한 자 없게 하기 위해 주말에 목사 몇 사람이 돌아가며 교정보느라 몇 시간씩 소비하느니 그 시간에 몇 가정이라도 심방을 더하고 설교 준비나 성경공부 준비를 더 충실히 하는 편이 낫다."는 견해를 밝혔다.

우리 교회 주보에는 요즘도 오자가 종종 보인다. 그러나 더 이상 김 장로님으로부터 주보의 오자를 지적받는 일은 없다. 담임목사 말이기에 즉시 받아들이시는 모습에 나는 존경을 보낸다.

교인들이 늘기 시작하여, 다섯 차례의 주일예배 중 3부 예배와 4부 예배 때에는 교회의 모든 가용공간에 대형 TV나 스크린을 설치하여 부속예배실로 활용해도 앉을 자리가 없어 백 여 명씩이나 예배를 드리지 못하고 돌아가는 상황이 벌어진 적이 있다. 그래서 가능하면 1부나 2부 예배에 참석하도록 교인들에게 권장하고 특히 제직들은 반드시 1부나 2부에서 예배드리도록 계속해서 광고를 해야 했다.

김 장로님은 늘 3부 예배에 참석하신 것으로 기억하는데 그 첫 광고가 나간 다음 주부터 지금까지 수년 간 줄곧 1부 예배를 드리신다. 오래 전에 은퇴하셨으며, 또 연로하셔서 1부 예배에 나오시기가 쉽지 않으실 텐데도 담임목사의 방침에 즉시 호응하여 솔선수범하시는 모습을 보며 장로님을 향한 나의 존경심은 한층 더 깊어질 수밖에 없었다.

"하나님은 교만한 자를 대적하시되 겸손한 자들에게는 은혜를 주시느니라" (벧전 5:5).

"목사와 함께 잘못되자"며 목사를 감싸주신 김정렬 장로님

건강하고 복된 교회가 되기 위해서는 훌륭한 목사 열보다는 훌륭한 장로 한 분이 더 귀하다는 생각을 갖게 한 장로님을 소개하려고 한다.

1985년 장석교회에 부임하였는데 매사가 미숙하고 미천한 나를 담임목사로 선택한 당회 결정에 지금도 감사하고 있다. 그런데 더욱 내게 감동을 주고 힘 있게 교회를 섬기게 한 것은 부임하고 첫 번째 가진 제직회 때였다.

목사를 새로 청빙하여 부임하게 한 후 교회가 합심하여 함께 섬기기 위해서는 목사를 조금은 칭찬해야 하리라 생각하셨는지 선임장로였던 김정렬 장로님께서 여러 가지 과찬으로 목사를 소개하였다.

처음 듣는 칭찬에 몸 둘 바를 몰랐다. 물론 많은 칭찬도 내게는 힘이 되었지만 마지막 말이 지금도 뇌리에 생생하게 남아 힘들고 괴로울 때마다 격려가 된다. 세월이 많이 흘러 정확하게 장로님이 하신 말씀을 그대로 옮길 수는 없지만 대략 이렇게 말씀하셨다.

"이제 이용남 목사님이 우리 교회 담임목사님이 되셨습니다. 그러므로 목사님을 위하여 기도하고 협력해야 할 것입니다. 만약 목사님이 하시는 일이 마음에 들지 않아도 함께 협력하여 역사를 이루어 봅시다. 설령 목사님 하시는 일이 조금은 잘못되었다 하더라도 우리 함께 잘못됩시다. 그러면 그 잘못은 잘못이 아니라 오히려 아름다운 일이 되는 단계가 될 것입니다."

여기서 말하는 잘못이란 죄를 용납하자는 뜻이 아니라 작은 실수를 감싸줄 마음을 갖자는 뜻이라 생각된다. 정말 귀한 말씀이었고 지금도 잊지 못하는 격려의 말씀이었다.

"허물을 덮어 주는 자는 사랑을 구하는 자요 그것을 거듭 말하는 자는 친한 벗을 이간하는 자니라"(잠 17:9).

기도에 열정적인 송주섭 장로님

 1989년 필자의 나이 45세에 서울영천교회 담임목사로 부임했을 때 송주섭 장로님은 50대 초의 나이로 시무하고 있었다. 본 교회는 비교적 장로가 많은 편인데 필자가 주목하게 된 것은 어느 장로님의 기도하는 열정이었다. 물론 여러 성도들도 기도하지만 특별히 송 장로님의 기도하는 모습은 목회자의 시선을 끌기에 충분했다.
 첫째, 그는 열정적인 기도의 사람이었다. 새벽기도회를 비롯한 교회의 기도 모임에서 그의 기도는 열정이 묻어나 왔다. 이는 평소에 기도를 많이 하였기 때문이다. 그는 고위 공직자생활을 하면서도 새벽에 25분 이상 자가운전하여 매일 새벽기도를 드렸다. 이는 목회자에게 천군만마를 얻은 격려가 되는 일이다. 그는 전체 장로를 대표하듯이 매일 한결같이 새벽기도회 사명을 수행하는 기도의 종이다. 심지어 여행을 가서도 새벽기도를 실천하는 종이다.
 둘째, 그는 서원이 있고 실행하는 신앙인이다. 그는 정년 은퇴를 하고 난 후 하나님께 남은 시간을 주님 위해 살겠다고 다짐하는 금식기도를 한 주간 하면서, 제2의 교회생활을 시작하는 결단을 보였다. 또 거주지도 교회가 있는 동네로 옮기는 용단을 내렸다. 그는 사명감이 불타고 있었으며 기도로 표출하고 섬김으로 증거하였다. 한번은 고급 승용차 한 대가 내게 주어졌다. 승용차를 교체할 시기가 된 줄 알고 그는 새 모델로 첫 출고되는 승용차를 선물한 것이다. 결국 교회의 짐을 덜어 주는 봉사였다. 그 때 나는 '내가 교인이라면 목사에게 이런 큰 선물을 줄 수 있었을까?' 라고 자문하면서 그저 감사할 뿐이었다. 곧 서원이 있고 갚는 삶이었다.

셋째, 그는 성전건축을 위해 온몸을 던져 섬겼다. 십여 년간 교회 부지를 확보하고 드디어 2003년에 교회당 기공을 하게 되었다. 그는 건축위원장을 맡았다. 건축 허가와 기공과 민원 해결 등을 몸과 시간과 기도로 감당해갔다. 건축헌금도 가장 모범적으로 많이 드렸다. 그는 특별한 경우 외에는 공사기간 동안 매일 현장에 출근하여 감독하고 격려하면서 현장 일꾼들과 고락을 함께했다.

그는 퇴직 후 하나님이 주신 시간과 은사를 오직 성전건축을 위해 제물로 드린 셈이다. 그에게서 늘 감사의 눈물과 자신감이 잠재되어 있는 신앙의 모습을 본다.

넷째, 그는 목회자의 전적인 협력자로 섬기는 바나바의 표상이다. 그는 담임목사뿐 아니라 교역자들을 사랑하고 격려하는 열정이 특별하다. 그리고 질책도 아끼지 않는다. 목회자의 힘든 대목을 정확하게 알고 격려한다. 때로는 힘이 다하도록 희생하면서 목회자의 긍지를 북돋아 주고 활동의 폭을 넓히도록 에너지를 불어 넣어 주는 이 시대의 바나바이다.

끝으로 그는 은퇴가 없는 신앙 열정을 지니고 있다. 그는 주일 오전 1, 2, 3부 예배에 직접 안내를 하고 다 참석하시면서 성도들에게 일일이 인사한다. 늘 교회 부흥의 열망을 안고 열정을 불사르면서 그는 평일에 직장을 출근하는 것처럼 교회당을 찾아서 섬기고 있다. 그의 기도생활은 육신의 힘이 다하는 그 순간까지 그치지 않을 것이며, 달려갈 길을 마칠 때까지 선한 일에 힘쓰는 종으로 살 것으로 믿는다.

"기도를 항상 힘쓰고 기도에 감사함으로 깨어 있으라" (골 4:2).

목회의 동역자이신 박종탁 장로님

　1979년 필자가 36세 나이로 부산 송도제일교회 담임목사로 부임했을 때, 박종탁 장로님은 40대 중반의 나이로 시무하고 있었다. 그 당시 나의 부임은 매우 파격적인 청빙이었다. 교단에서 비중 있는 교회에, 아직 목회에 미숙한 나를 담임목사로 청빙한 것이다.
　당시 그 교회에는 교단의 여러 지도자들이 출석하고 있었으며 세 분의 은사 되신 스승과 두 선교사 가정까지 목사 가정이 여덟 가정이나 출석하고 있는 교회였다. 지나고 보니 송도제일교회를 담임한 것은 박 장로님을 만나기 위한 하나님의 인도의 손길이었다고 생각한다. 진정 그와 함께 교회를 섬긴 것은 내게 큰 은총이었다.
　첫째, 그는 기도하는 신앙인으로 살았다. 내가 그 교회를 시무한 11년 동안 그는 늘 기도 자리를 지키면서 교회를 섬겼다. 이는 목회자에게 가장 큰 격려가 되는 울타리 역할이었다. 그는 새벽기도회를 비롯한 교회의 각종 기도 모임에 늘 모범적인 자세로 은혜를 사모하였다. 그는 교회 선임 장로로 기도하는 모범을 보였으며 확고한 영적 권위를 나타내는 장로로 온 교인들이 존경하며 그를 따랐다.

둘째, 그는 목회자의 전적인 협력자로 섬겼다. 내가 부임한 지 3년이 지난 해 교회가 안식년을 주어 미국에 목회연수를 하게 되었다. 어느 교회가 목회자에게 3년 만에 안식년을 주어 해외 유학을 하게 하겠는가? 극히 사례가 드문 특별한 배려요 목회자를 키우는 과감한 투자였다. 그가 선임 장로로 전적 동의하면서 협력해 준 결과였다.

셋째, 그는 목회자의 고통을 몸으로 막는 희생을 보여 주었다. 교회 안에 중대한 권징을 해야 할 일이 생겼다. 목사에게 많은 도전이 있었고 유혹도 있었다. 그는 교회의 성결과 질서를 세우는 일에 엄격했으며 치우치지 않는 자세로 목사가 교회 권징을 해나가도록 전적 협력했다. 그래서 약 3년에 걸친 권징의 후유증을 말끔히 정리할 수 있었다.

넷째, 그는 믿음과 행함을 온전히 이룬 삶을 살았다. 그는 헌금에 있어서도 가장 모범적이었다. 그것이 성도들에게 본이 되었고 좋은 귀감이 되었다. 그는 S대 약대를 나와 종합병원 약제부장으로 일하면서 교회에서는 늘 섬기는 일에 앞장서는 신실한 장로였다. 내게 지병이 있었을 때

가장 좋은 약을 구입하여 일년 동안 미국까지 늘 보내 주신 성의는 잊을 수 없다.

끝으로 그는 열정 있는 기도 생활을 통해 영성을 최상으로 유지하면서 섬겼다. 그는 기도한 대로 살고 믿는 대로 행하는 모범을 보여 준 장로였다. 그는 내게 골프가 좋은 운동이라며 시작해 보라고 권유했다. 만약 시작했더라면 좋은 후원자로서 큰 도움을 주었을 것이다. 나의 목회에 있어서 잊을 수 없는 동역자요 협력자였다.

"오직 너희는 그리스도 복음에 합당하게 생활하라 이는 내가 너희를 가 보나 떠나 있으나 너희가 일심으로 서서 한 뜻으로 복음의 신앙을 위하여 협력하는 것과 아무 일에든지 대적하는 자를 인하여 두려워하지 아니하는 이 일을 듣고자 함이라 이것이 저희에게는 멸망의 빙거요 너희에게는 구원의 빙거니 이는 하나님께로부터 난 것이니라"(빌 1:27~28).

바나바 같은 손영수 장로님

　손영수 장로님은 1981년경 필자와 부산 송도제일교회에서 만나 봉사하다가 현재는 남부민중앙교회 장로로 시무 중이다. 손 장로님과의 만남은 하나님의 오묘한 섭리를 체험하게 했다. 그가 영적으로 가장 힘들었던 시기에 만나서 하나님의 은혜를 체험하고 놀라운 사역자로 섬기게 되었다.
　첫째, 그는 기도의 사람이다. 보통 열심을 넘어서는 열정적인 기도의 사람이요, 많은 응답도 체험한 신앙인이다. 그는 큰 일을 앞두고 기도를 하며, 작은 일에도 늘 기도하면서 봉사한다. 그는 교회나 기도원에서 편견 없이 기도하면서 깊은 은혜를 받았다. 항상 열린 마음으로 겸손하게 말씀을 받아들이기 때문에 늘 큰 은혜의 감동을 지니고 산다.
　둘째, 그는 장학에 헌신한 후원자이다. 나의 모교인 고려신학대학원에서 강의를 할 때 그는 약 7년에 걸쳐 신학생들에게 전액 장학금을 지급하는 일에 봉사했다. 약 50여

명을 후원했으며 타 대학 학생 중 여러 명에게도 후원을 했다. 그 때 나는 지도위원으로 함께 봉사하였다. 그는 사재를 드려 섬기는 일에 아주 헌신적이었다.

셋째, 그는 나의 유학과 목회사역에 큰 후원자였다. 나의 목회 중 성장 시기가 있었는데 미국 목회연수와 박사학위 공부를 할 때였다. 그 때 그의 후원과 헌신은 결정적인 뒷받침이 되었고, 나를 위하여 승용차를 교회에 헌납했다. 80년대 중반 당시 부산에서 목사가 소나타를 타는 사람은 거의 없을 때이므로 파격적인 선물이기도 했다. 그는 목회자에게 항상 최상의 것을 드려야 한다는 신념을 가지고 살았다.

그는 새 옷을 해 입을 때마다 목회자와 사모에게 자기와 똑같은 가격의 옷을 맞추게 한다. 부산에서 가장 솜씨 좋은 옷집에서 최고의 옷을 선물하는 것이 그의 한결같은 섬김의 자세였다.

넷째, 선교와 전도에 헌신하는 전도자이다. 그는 해외선교사들을 후원하는 일에 봉사했다. 교회당을 짓는 일은 헤아릴 수 없이 사례가 많다. 교단을 초월하여 동남아와 세계 곳곳에 선교여행을 하면서 선교지에 맞는 후원을 과감하게 해오고 있다. 그는 자타가 공인하는 현장 전도자이다. 교도소 전도와 불신자 전도에 놀라운 실적과 증거가 풍성하다. 그의 전도에 대한 담대함과 지혜는 성령충만의 실상을 보여 준다. 그는 전도 간증집회를 인도하기도 하며 누구에게도 손색없는 전도의 열정과 많은 증거들을 체험하고 있다.

그는 언제나 감사와 자신감에 차 있다. 그리고 매주 전도 일정이 정해져 있고, 그 바쁜 사업 중에도 전도자의 몫은 철저히 다하면서 살아가고 있다. 진정 이 시대의 바나바이다. 그와 만나서 함께 일해 본 모든 사람들은 감동을 체험하게 된다.

"그 주인이 이르되 잘하였도다 착하고 충성된 종아 네가 작은 일에 충성하였으매 내가 많은 것으로 네게 맡기리니 네 주인의 즐거움에 참예할지어다 하고"(마 25:21).

하나님 중심의 삶을 사시는
성희구 장로님

영락교회에서 부목사로 목회하던 시절 선교부를 오랫동안 담당해왔다. 부서의 특성상 직장선교회 초청을 받아 말씀을 전하는 일들이 종종 있었다. 직장선교회의 신우회 활동을 보면서 교회뿐만 아니라 직장에 나와서도 성도의 삶을 살아가는 모습이 참으로 아름답게 느껴졌고 이들이야말로 생활 속에 예수의 향기를 전하는구나 생각하였다.

또 한 가지 중요한 것은 이들에게는 교파가 없고 계급도 없다는 것이다. 있다면 한 가지, 예수 그리스도를 구주로 고백하고 믿는 형제요 자매인 것이다. 특별히 관공서 기관장으로 신앙생활을 한다는 것은 각종 종교를 믿고 있는 부하 직원들 앞에서 특정 종교인의 냄새를 풍긴다는 것은 더욱더 어려운 일이다.

내가 섬기던 영락교회 옆에는 대한민국 1등 경찰서라고 하는 중부경찰서가 있다. 경찰 선교를 위하여 지역 경찰서

마다 경목활동을 하는데 나는 중부경찰서의 경목실장 책임을 맡고 있었다. 중부경찰서에는 예수를 믿는 서장들이 많이 부임했는데 이번에는 장로님 서장이 부임하게 되었다. 서울노회 동숭교회 성희구 장로님이었다. 이 분과 교제를 나누면서 많은 감동을 받았다. 50년대 중학교 시절 가난 때문에 고향을 떠나 대구 친척집에 기거하면서 점원자리를 얻기 위해 방황하던 중 어느 수요일 저녁, 대구 삼덕교회 수요예배에 참석하였으며, 그 당시 홍대위 목사님설교가 평생 잊지 못할 인생의 전환점이 되었다고 한다.

가난과 절망 가운데 빠져 있던 한 소년에게 주신 말씀, "기도는 전능합니다. 기도를 통해 모든 것이 이루어집니다. 모든 문제 해결의 열쇠는 기도 속에 있습니다. 기도는 하나님 능력의 힘을 여는 출구이며, 기도는 하나님의 능력을 우리와 연결시키는 파이프가 됩니다." 이 말씀을 붙들고 신앙생활하며 열심히 공부하여 대학을 졸업하고 순경이 되었다. 순경으로 시작하여 지금은 총경으로 그것도 중부경찰서 서장이 되었으니 참으로 대단한 일이 아닐 수 없다.

성희구 장로님이 서장 취임식을 하러 가던 날 운전하는 직원에게 경찰서 옆문인 영락교회로 들어가도록 했다. 그리고 영락교회 수위에게 부탁하기를 "저는 새로 부임하는 중부경찰서 서장입니다. 취임식전에 기도하고 싶습니다."
하며 기도실에 앉아 하나님께 간절히 기도하였다. "사랑의
하나님 감사합니다. 동료에게 놀림받던 순경을 오늘까지
도와주신 하나님, 진심으로 감사합니다. 오늘 저는 대한민
국 1등 경찰서인 중부경찰서 서장으로 취임합니다. 이 모
두가 하나님 은혜인 줄 믿습니다. 하나님께서 중부경찰서
서장이 되셔서 산하 모든 치안을 직접 맡아 주십시오." 이
렇게 기도한 후 그는 취임식에 임하였다.

    그런데 성희구 장로님이 중부경찰서장이 된 것은 우연도
실력도 아니고 하나님의 특별한 계획과 섭리가 있었음을
알 수가 있다. 성 장로님이 서울 경찰국 과장 시절, 장로
피택을 받고 한참 장로고시를 준비하고 있을 때였다. 그런
데 경찰국장으로부터 전화가 왔다. "성 과장 이번에 서울
시내 서장 발령을 하려고 하는데 성 과장이 서장으로 갈
마음이 있으면 발령을 내주겠소." 그 전화를 받는 순간 그
는 당황할 수밖에 없었다. 서울 시내 서장이 되기를 기다
렸지만 장로고시가 9월말에 있는데 장로를 포기하고 서장
으로 가는 것이 내키지 않았다. 국장에게 대답하기를 "국
장님, 감사합니다. 저를 생각하셔서 전화까지 주셨는데 죄
송합니다. 이번만은 저를 빼주십시오." 하자, 국장은 놀란
듯이 "아니 성 과장 그게 무슨 말이요. 다음 기회는 1년

이상 기다려야 하는데!"라며 말렸다. 친한 동료들도 과장만 하다가 마치려 하느냐며 안타까워했다.

1989년 9월 장로고시 합격 후 11월 장로장립을 받았다. 성 장로님은 서울 시내 서장이 되려면 1년 이상 기다려야 될 줄 알고 당분간 잊고 있었다. 그런데 장로장립식을 마친 지 얼마 되지 않아 전국 1등 경찰서인 서울 중부경찰서 서장이 직위가 해제되자 그 자리에 갈 서장을 찾고 있는데 바로 성희구 장로님이 물망에 오른 것이다. 9월에 있은 서장 발령 시 장로를 포기하고 육을 따라 갔더라면 지금은 어떻게 되었을까? 그러나 장로 되는 것을 귀히 여기고 서장 발령을 뿌리쳤기 때문에 서울 중부경찰서장이 될 수 있었다고 고백한다. 그 분은 1년 6개월 재임 시 한 건의 자체 사고 없이 잘 감당하였다. 성 장로님은 겸손히 말한다. "서장 취임식 날 영락교회 2층 기도실에서 기도하기를 하나님께서 중부경찰서 치안을 대신해 달라고 하였는데 그 기도를 하나님께서 응답하셨다고 저는 확실히 말씀드릴 수 있습니다."

성 장로님께서는 특별한 계급사회인 경찰조직에서 한 번도 아랫사람들에게 위압적인 반말을 하거나 하대하는 것을 보지 못하였다. 아들과 같은 전의경들까지 근무 후에 위로하고 격려하며 말을 할 때에도 존칭을 하는 모습에 감동하지 않을 수가 없었다. 20여 년을 중부경찰서에서만 근무하며 성 장로님을 서장으로 가장 가까이 모시던 당시 경무계장이던 구종훈 계장은 늘 말하기를 "목사님 제가 이곳 중부경찰서에서 20년 가까이 서장님들을 모셨지만 우리 성 서장님 참 훌륭하세요. 우리 서장님, 용장을 넘어선 덕장이세요." 라고 칭찬하였다.

우리 모든 신앙인들이 성희구 장로님처럼 삶의 현장에서 진정한 하나님의 자녀로 귀감이 되었으면 하는 바람을 가져본다.

후에 장로님은 총경으로 끝나지 않고 특진으로 경찰의 별인 경무관으로 그리고 또 진급하여 치안감으로 경상북도 경찰청장과 대구 경찰청장으로 근무하였고, 지금은 퇴임한 후 대구 인터불고호텔의 사장으로 재임하고 계신다.

"이는 너희가 흠이 없고 순전하여 어그러지고 거스르는 세대 가운데서 하나님의 흠 없는 자녀로 세상에서 그들 가운데 빛들로 나타내며"(빌 2:15).

쌀독을 열기까지 사랑을 실천한 황종원 장로님

　이 땅에 복음이 전해진 지 벌써 120여 년의 세월이 지났다. 하나님의 은혜로 한국 교회는 참으로 놀라운 부흥과 성장을 가져왔고 세계 교회가 부러워할 만큼 성장하였다. 하지만 한편으로 교회 내면의 모습은 서로가 그리스도의 지체로서 협력하고 화목해야 할 교회들이 목사와 장로 간에 성도와 성도 간에 아픔과 분열을 겪는다. 그럴 때마다 나는 어린 시절 내가 성장한 교회에서 우리 젊은이들에게 생활로 말씀으로 신앙의 모범을 보이신 고 황종원 장로님을 자주 기억하게 된다.

　어린 시절 목사가 되기를 꿈꾸면서 장차 내가 목회할 교회에 황종원 장로님과 같은 분들이 많이 계셨으면 하는 마음이 있었고, 오늘 이 시대에 꼭 필요한 분이라고 생각했다.

내가 자라난 교회는 당시 왕십리(지금은 행당동)에 위치한 무학교회이다.

이곳은 서울의 맨 끝자락 서민들의 교통수단이었던 전차 종점이 있었던 왕십리라고 불리던 곳이다. 당시 서울은 사대문 안과 밖으로 나뉘던 시절 임금이 문밖으로 나와서 십리를 걸었다는 바로 그 왕십리 지금의 행당동이다.

1950년대 말 그리고 6~70년대를 지나면서 우리는 미국사람들의 구호물자와 원조를 받으면서 참으로 초근목피로 가난한 시절을 보냈다.

언덕 위에 세워진 무학교회를 중심으로 그래도 괜찮은 수준의 국민주택들이 세워져 있었고 수도국 앞뒤산과 무학여고 뒷산은 판잣집과 움막들이 즐비했다. 그리고 주변 언덕에는 시골마을 풍경 그대로 자두나무가 있는 과수원, 호박밭과 미나리밭 그리고 부수입을 위해 양계장과 미나리를 기르던 시절이었다.

수많은 걸인들이 깡통을 들고 집집마다 밥을 얻으러 다니던 시절이었다. 교회는 야유회 혹은 성경학교, 친목회 등 행사가 있으면 제직 중 여유가 있을 만한 중직자들에게 장부를 들고 찬조금을 얻으러 다니던 추억이 떠오른다. 그때마다 가장 많이 찾은 분이 황종원 장로님이다. 댁으로 찾아가면 황종원 장로님과 부인 이명숙 권사님은 언제나 웃음을 잃지 않고 협력하시던 기억이 난다.

그 당시는 걸인들이 교회를 많이 찾아왔는데 그때마다 습관적으로 교회 밑에 사시던 장로님 댁으로 보내던 일이 한두 번이 아니다. 언제나 미소를 잃지 않으시고 쌀독을 열어 함께 나누던 장로님 내외분이시다.

장로님은 처음부터 사업을 하시던 분은 아니다. 덕수고등학교에서 역사를 가르치는 선생님이셨다. 당시 신학생들도 없고 교육전도사도 별로 없던 시절이라 고등부를 지도하면서 하천풍언 선생의 「사선을 넘어서」란 책을 소개하며 많은 감화를 끼치기도 하셨다.

그러던 어느 날 장로님은 당시 세탁비누로 유명한 "무궁화 유지"의 전무로 발탁이 되셔서 사업가의 길에 들어서게 되었다. 당시 60년대 해외여행이 어렵던 시절 동남아 출장을 떠나시면서 와이셔츠가 없어서 새로 사서 입고 가셨다는 일화가 있다. 왜냐하면 옷이 귀하던 시절이라 두 벌이면 한 벌은 벗어주시는 성품과, 겉옷을 달라 하면 속옷까지도 아낌없이 주시는 그 분의 성품 때문이다. 그 외에도 오른손이 하는 것을 왼손이 모르게 하라는 주님의 명령을 받들어서 나를 비롯 수많은 무학의 젊은이들은 장로님을 통하여 공부를 하게 되었다.

또한 가난한 젊은이들을 장로님이 경영하시는 공장과 회

사에 취직을 시키어 생활 터전을 마련해 주시기도 하셨다. 이렇게 훌륭하신 장로님이 56세라는 아까운 나이에 너무나 많은 흔적을 남기고 가셨다. 미망인 이명숙 권사님과 2남 3녀 자녀들이 신앙의 산맥을 이루며 선교사로 목회자로 장로님의 대를 이어 하나님의 영광을 드러내고 있다.

"사랑하는 자들아 하나님이 이같이 우리를 사랑하셨은즉 우리도 서로 사랑하는 것이 마땅하도다"(요일 4:11).

의인의 자손이 받는 복을 누리는 김건철 장로님

성경에 보면 하나님께서 의인의 후손을 복 주시겠다고 약속하셨다. 시편 112편 말씀에 보면 "할렐루야, 여호와를 경외하며 그 계명을 크게 즐거워하는 자는 복이 있도다 그 후손이 땅에서 강성함이여 정직자의 후대가 복이 있으리로다 부요와 재물이 그 집에 있음이여 그 의가 영원히 있으리로다"라고 찬양하고 있다. 이처럼 의인은 어느 시대나 여호와를 경외하며 그 계명을 크게 즐거워하고 그 계명대로 지키며 사는 자를 가리킨다. 그러기에 하나님께서 이런 삶을 사는 아브라함과 그 자손을 축복하셨고 오늘도 그 같은 말씀으로 사는 성도를 의인으로 인정하시고 복을 주신다. 우리 주변에 보면 이런 의인의 자손들이 하나님의 복을 누리며 사는 것을 보게 된다. 그런 분들 중에 김건철 장로님은 자타가 인정하는 의인의 자손이 받는 복을 누리고 계신다.

김건철 장로님 가정은 한국 교회 초창기에 복음을 받아들여 6대째 신앙을 이어오는 가정이다. 조부 되시는 김응록 장로님은 일제시대 105인 사건으로 옥고를 치르셨고, 독립운동가요 신앙 동지였던 안창호, 조만식 선생과 친구로 교분이 있으셨다. 중국에 망명 교회를 세우시고, 농장을 경영하면서 살 길을 찾아 중국에 망명해온 동족들을 돌보고 독립운동에 협력하였으며 해방 후 신앙을 지키시다가 공산당에 잡혀가 행방불명이 되었다.

　부친 되시는 김능백 목사님은 아버님과 함께 중국에 들어가 당시 중국의 최고 명문대학인 북경대학교 경제학과를 졸업하셨다. 부친은 세상으로 나가지 않으시고 평양신학교에 입학하여 학생 신분으로 영어를 가르치며 공부하신 엘리트 목회자였다.

　졸업 후 큰 교회인 평양 서문밖교회 청빙을 마다하시고 작은 교회인 중이리교회에서 사례비를 받지 않고 청빈한 목회를 하셨다. 6·25전란이 일어나자 가족은 그대로 이북에 둔 채 당시 22살인 장남 김건철 장로님만 데리고 월남하여 피난지인 충남 예산에서 교회를 개척하여 충남에서 대표적 교회인 예산교회를 창립하셨다.

　그리고 이북에 두고 온 고생하는 가족을 생각하여 재혼도 않으시고 평생 잠자리에서 이불을 덮지 않으셨다. 청빈

한 목회를 자청해 하셨으며 65세를 일기로 소천하셨다.

그러므로 하나님께서는 의인의 자손인 김건철 장로님을 크게 축복하셔서 믿음 좋은 부인 엄영선 권사님과 결혼하여 슬하에 3남 1녀의 신실한 자녀들을 두게 하시고, 아래로 3남 4녀의 손자 손녀를 주심으로, 의인의 자손이 받은 결실한 포도나무 같은 좋은 아내와 어린 감람나무 같은 자손의(시편 128:3) 복을 누리게 하셨다.

더욱이 장로님은 의인의 자손으로 신령한 복을 받아 좋은 믿음과 아름다운 믿음의 가정을 이루셨다. 장로로서 한국 교회 지도자가 되어 교회 안팎으로 큰 사역을 감당하고 계신다. 장로님은 하는 사업마다 형통하는 복을 받으셨고 조부님처럼 사업가로도 크게 성공하셨다. 그러나 재물의 주인은 하나님이시요, 자신은 단지 하나님의 재물을 위탁받은 관리자이며 청지기임을 인정하고 하나님이 기뻐하시는 일이라고 하면 조건 없이 물질로 봉사하며 헌신하시는 모습을 자주 보게 된다.

구수한 말솜씨를 갖고 계신 장로님은 항상 다른 사람들에게 노래나 찬송으로 웃음을 주시며 그의 전매특허와 같은 찬송 예수사랑 하심과 허사가는 자신의 신앙고백과 함께 전도의 메시지가 되고 있다.

그리고 장로님의 삶은 항상 긍정적이고 적극적이어서 남

을 비난하거나 원망하는 말을 한 번도 들어보지 못했다. 참으로 신앙 인격을 지니신 장로님이다. 서산의 황혼 빛이 더 찬란하듯 최근에는 장로님 내외분이 노후를 몽골선교와 몽골 근로자 자녀들 교육을 위해 몽골문화원과 재한몽골학교를 세워 하나님 선교에 더욱 아름답게 봉사하고 계신다. 이러한 그의 공로가 인정되어 몽골정부로부터 명예교육학박사 학위를 받기도 하였다. 또한 재한 몽골근로자 권익과 노동자보호, 체육대회, 몽골학교 등 지원의 공로를 인정받아 2007년 5월 29일 몽골대통령으로부터 북극성대훈장을 받았다.

참으로 김건철 장로님은 자신의 고백처럼 의인의 자손이 받는 대박의 복을 누리고 계신다. 그러나 의인의 후손다운 믿음의 자손이 될 때 의인의 자손이 받는 복을 누리게 될 것이다. 그러기에 누구든지 자손들을 위해서라도 의로운 믿음의 선진들이 되어야 할 것이다.

"그 자손을 열방 중에, 그 후손을 만민 중에 알리리니 무릇 이를 보는 자가 그들은 여호와께 복 받은 자손이라 인정하리라"(사 61:9).

성결교단 발전에 공을 세운 평신도 지도자 홍기득 장로님

홍기득 장로님은 1919년, 시흥군 신동면 양재리(현 서울 강남구 양재동)에서 태어났다. 그가 30세 때, 큰아들이 갑자기 병에 걸려 입원을 시키고 상점으로 돌아왔는데 직원들이 공모하여 있는 물건들을 몽땅 털어갔다. 그는 울화병이 나서 한약방에 갔는데 한의사로부터 "홍 선생, 아무래도 하나님이 당신을 택한 것 같은데 교회에 나가 예수를 믿어 볼 생각이 없습니까?"라는 말을 듣게 되었다.

심신이 지쳐 있어서 지푸라기라도 잡고 싶던 그는 이 말을 듣고 가슴이 뜨거워져 예수를 믿기로 결심했다. 그리하여 30세 되던 해에 생전 처음으로 교회에 나갔다. 교회에 발을 디디면서 술, 담배를 모두 끊고 주일예배는 물론 새벽기도회까지 빠짐없이 모두 참석하였다.

1954년 9월18일 새벽, 깊은 질병으로 인해 몸이 야윈 그가 기도하던 중, "너는 그 자리에서 일어나라"는 주의 음성에 온몸의 전율을 느끼고 일어났다. 하나님께서 질병을 치유해 주셨다. 그리고 그는 1964년에 장로 장립을 받았다. 그의 아내가 장암에 걸려 하나님께 매달려 철야 기도하던 중에 "안심하라, 너의 처는 죽지 않는다."는 주님의 음성을 들었다. 그의 아내는 이후로 신유의 은총으로 병이 치유되었다.

홍 장로님은 하나님께 받은 은혜를 교회와 교단을 위해 봉사하는 일로 보답했다. 담임목사가 총회장에 당선되자 교단 본부에 8인승 승합차를 헌납했다.

1979년 교단 부총회장에 피선되자 교단 본부의 건축을 가장 시급한 일로 여겼다. 그는 허허벌판인 강남 일대를 샅샅이 뒤지고 다녀 대치동의 땅을 발견하고 즉시 계약했다. 그해 현장 노천에서 기공예배를 드렸다. 공사비는 4억 5천만 원인데 자금은 1억7천만 원뿐이었다. 턱없이 부족했지만 믿음을 가지고 공사를 시작했다. 공사비를 지급하지 못해 건설사로부터 5,6 차례 공사 중단 통보를 받았다. 참으로 절박한 순간이었다.

그러나 그럴 때마다 홍 장로님이 3천만 원에서 6, 7천만 원짜리 수표를 서슴없이 끊어 주어 공사를 진행시켰다. 당시의 상황을 아는 사람들은 "홍 장로님이 없었다면 성결회관을 과연 완공할 수 있었을까?" 라고 말한다. 그리하여

1980년 5월 13일 지하 1층 지상 10층의 총회본부를 완공하였다.

뿐만 아니라 회갑연을 열어 드리겠다는 아들들에게 "교단이 회관을 건축하기 위해 있는 힘을 다하는데 부총회장인 내가 회갑연이나 하면 되겠느냐? 그 돈을 내놔라 내가 요긴하게 쓰겠다." 하며 아들들이 모은 3백만 원을 갖고 성결회관 출입문 밖 오른쪽에 예수님을 양치는 목자의 모습으로 묘사한 거대한 화강암 부조를 만들어 기증하였다.

그는 1986년도 교단본부 부지 확장위원회 부위원장을 맡아 전국을 돌며 순회 모금을 했지만 성과가 미흡했다. 결국 이 모금 운동을 확산시키기 위해서는 누군가 거액을 헌금하고 앞장서는 용기 있는 희생자가 나와야 한다는데 의견을 함께 했다. 그 때 홍 장로님이 지체 없이 1억 원을 헌금했다. 이를 계기로 모금이 활발해져 총회본부 부지를 확장할 수 있었다.

이 밖에 홍 장로님이 교계에 기여한 일은 수없이 많다. '성결신문'을 창간 운영한 일, 백합선교회를 조직하여 미자립교회를 지원한 일, 서울신학대학교 이사와 성결교회 유지재단 부이사장 역임 등 그야말로 성결교회를 이끌어온 훌륭한 지도자였다. 그는 한국병원선교회를 조직하여 운영했으며 한국장로협의회 부회장과 한국평신도단체협의회 회장을 역임하였다. 삶의 고비마다 들려온 하나님의 음성에 힘을 얻어 가시밭길 인생을 축복의 삶으로 개척해온 그는 1996년 소천하시기까지, 하나님께서 주신 복에 감사하여 교단과 교회를 사랑하는 마음으로 한평생을 살아온 이 시대 평신도 지도자의 사표가 되고 있다.

"이 봉사의 직무가 성도들의 부족한 것만 보충할 뿐 아니라 사람들의 하나님께 드리는 많은 감사를 인하여 넘쳤느니라"(고후 9:12).

남전도회 창립자 김원철 장로님

　김원철 장로님은 황해도 용현에서 출생하여 어려서 용현 교회 주일학교에 다니다 동네 소학교와 장현농업학교 3년을 졸업한 후, 삼성운수에 취직했다. 20세 때 율현교회 이한옥 양과 결혼한 후, 부자로 소문난 처가가 진남포에 큰 곡물상회와 정미소를 설립하자 이에 참여하여 사업을 배웠다. 1945년 해방과 함께 공산정권이 시작되자, 먼저 월남한 장인의 뒤를 따라 모든 사업을 버리고 1947년, 서울에 도착한 후, 장인이 설립한 대한제분과 동아상사의 감사 역, 동흥사 설립 회사에 전무직을 맡아 기업가로 날개를 폈다.
　그는 독자적으로 광산사업에 눈을 돌려 유리원료 규석이 많은 백령도 광산과 정선의 시멘트 원료광산을 개발하는 등 전국에 7개 광산을 소유한 광산업계의 기린아가 되었다. 그러나 사업을 위해 수시로 술을 마셔 늘 술에 취해서 살았고, 가정은 늘 싸움의 연속이었다. 4대째 신앙 가문에서 성장한 부인은 장충단성결교회 집사로 남편의 회개를 위해 3년을 작정하고 매일 아침 금식하며 새벽기도와 철야 기도를 했다.

어느 날 부인이 집 근처 개척교회 집회에서 미국침례교 짤비스 목사로부터 큰 은혜를 받아 강사와 담임목사를 아침식사에 초대하던 날, 그는 술이 덜 깬 상태에서 손님을 맞았다.

짤비스 목사는 그를 보자 "당신 거듭났습니까?" 하고 질문한 후, "육신을 좇는 자는 육신의 일을, 영을 좇는 자는 영을 생각하나니, 육신의 생각은 사망이요 영의 생각은 생명과 평안이라"는 말씀으로 설교했다. 이 때 설교의 말씀이 성령의 칼이 되어 그의 심령을 찔러, 부들부들 떨며 대성통곡을 하며 응접실을 3시간 동안 굴러다니며 회개하는 사건이 일어났다. 이 사건을 계기로 자기중심생활에서 예수중심생활로 바뀌었고, 술 대신 전도생활이 유일한 낙으로 변화되었다. 그 후, 짤비스 목사를 모신 개척교회 건축비를 상당 부분 담당하고, 짤비스 목사에 대한 경비를 모두 담당했다.

주일에 아내를 따라 장충단교회에 등록한 것이 1956년 4월이다. 이후, 모든 공예배는 물론 새벽기도회까지 하루도 빠지지 않고 다녀 1957년에는 세례를, 1958년에 집사로, 1964년에는 장로창립을 받는 신앙으로 고속 성장했다.

기도로 시작한 그의 삶은 직장에서 만나는 사람마다 전도하여 1년에 백여 명을 신자가 되게 하였다. 사업차 만나는 사람도 예수를 믿겠다고 결심을 해야만 계약을 체결할 정도였으니, 예수에게 미친 사람이라고 소문이 났다.

그는 수시로 전국에 다니며 개척교회나 미자립교회를 찾아 헌금과 간증설교로 도왔다. 교회가 없는 마을에는 교회를 개척하여 백령도, 청도 등 6개 교회를 개척하고, 교역자를 파송하여 생활비를 전담하였다. 출석하는 장충단교회의 건축이 중단된 것을 재개시켜 완공하기까지 막대한 건축비를 담당했다. 이성봉 목사님에게 전도용 지프차를 헌납하여 전국을 누비고 부흥회를 인도할 수 있게 편의를 제공하기도 하는 등 복음전도에 그의 재물을 아낌없이 제공했다.

1961년 미국 OMS에서 평신도 선교사 케이픈 씨가 내한하여 그에게 교회에 남전도회를 조직하라는 권면을 받고, 그 해 10월에 장충단교회 남전도회를 맨 처음 조직했다. 이것이 씨앗이 되어, 성결교회 각 교회로 번져갔고, 조직된 교회 남전도회장들이 모여 1962년 11월에 서울남전도회연합회가 태동되었다. 그리고 1965년 7월에 남전도회 중앙지도위원회를 발족하여 그가 첫 대표위원으로 선출되었고 남전도회 전국연합회가 탄생되었다. 이듬해 교단총회에서 남전도회가 정식기관으로 인준되어, 교단의 부흥과 성장에 크게 기여하였다.

   그는 사업과 개척교회를 돌보기 위해 육순의 나이에 전국을 다니다가 심장마비로 김천도립병원에 입원한 후, 1982년 11월 10일 64세를 일기로 하나님의 품에 안겨, 평신도 전도자의 삶을 마쳤다.

   "내가 복음을 전할지라도 자랑할 것이 없음은 내가 부득불 할 일임이라 만일 복음을 전하지 아니하면 내게 화가 있을 것임이로라"(고전 9:16).

문서운동가 최영택 장로님

1926년 11월 아현교회의 젊은 최영택 집사는 「주일학생」이란 어린이잡지를 발행하여 주일학교 발전에 큰 도움을 주었고 유년주일학생과 선생님들에게 큰 인기를 끌었다.

그는 월간 '주일학생사'를 설립하고 조선총독부 인가를 얻었다. 그때 잡지사가 인가를 받기란 하늘의 별따기처럼 힘든 일이었다. 일제는 조선인이 경영하는 잡지사에 돈을 대는 단체와 금융기관을 감시하며 괴롭히기까지 하였다. 그리고 글을 받는 일도 쉽지 않았다.

글을 실으면 왜경이 불러 민족주의니 반제국주의니 하며 괴롭히는 일이 허다했다. 이러한 어려움을 무릅쓰고 어린이의 영적 성장과 정신적 보화를 공급하려고 개인 잡지사를 창립한 것은 정말 대단한 일이었다. 그는 먼저 성결교회 기관지 「활천」에 창간 소식을 냈다.

"아동잡지 「주일학생」이 나오다. 전 조선주일학교로 하여금 서로 영력을 도모케 하며 주일학생의 심령을 주의 진리로 더욱 인도하기 위해 본 교회 신자 최영택 씨의 경영으로 아동잡지 「주일학생」을 창간하게 되었다. 창간호는 11월 15일에 출간되며 정가는 1부 10전이다.…… 할 수 있는 대로 많이 구독해 줄 것"이라 했다.

보급을 맡은 조선예수교서회와 합의에 따라 「주일학생」잡지 값 10전을 3전으로 대폭 내려 판매를 시작하니 「주일학생」은 폭발적으로 팔려나갔다. 아동잡지 「주일학생」은 1925년 11월 27일 동아일보 신간 소개란에 실렸다.

「주일학생」 값을 10전에서 3전으로 내리자 주문이 쇄도하여 예수교서회는 딴 사무실을 차릴 수 없을 정도였으니 이 잡지가 조선 교회에서 얼마나 호평을 받았는가를 짐작할 수 있다. 이렇게 한 번 인기를 얻은 잡지는 조선예수교서회를 통한 홍보와 판매 협조가 끊어졌어도 계속 발행되었다. 전과 다름없이 「활천」을 통하여 조선의 유일한 주일학교 잡지임을 내세워 편집내용을 쇄신하여 여전히 홍보에 힘썼다. 이렇듯 순복음적인 아동잡지 「주일학생」이 1925년 11월에 창간되어 조선주일학교 부흥운동에 크게 이바지하고, 1928년 10월호를 내고 아무런 예고도 이유도 없이 종간호를 삼았다.

그리고 11월부터는 주일학생잡지를 「일요학교신보」로 표제를 바꿔 발행했다. 값은 1전으로 더욱 낮추어 조선인에 대한 전도의 발로라고 천명했다. '일요학교'라는 말은 일제 말기에 일본제국이 바라는 대로 주일학교를 일요학교라고 부르게 된 것이다.

당시 잡지는 보통 10전이었는데 이 잡지는 10분의 1 값에 불과했다. 이는 '전도정신의 발로'라는 말 그대로 최영택이 어린이의 영혼을 사랑하는 마음으로 이 잡지를 엮어 나가려고 했던 것이다.

최영택은 아현성결교회에 입교하면서부터 어린이 문서운동에 대한 포부를 가지고 있었다. 새벽기도회를 마치고 김응조 전도사가 「주일학생」 창간 비전을 축복해 주었다. 최영택의 문서 활동은 눈부셨다. 조선기독교 안팎에서 최영택 집사에게 '조선의 조고계(신문잡지 등의 세계)의 권위자 예수쟁이'라는 칭호가 붙었다.

1932년 아현교회의 장로가 되었고, 1933년 조선성결교회가 완전자치제인 공화제에 의한 제1회 총회가 창립된 조선예수교 동양선교회성결교회의 출판부장으로 선임되었다. 그리하여 조선성결교단의 성경, 찬송가, 헌법, 교리서, 전도용 책자, 회의록, 기관지 등 책자와 문서의 편집과 판매를 책임지었다.

1940년 새 제도에 의해 소집된 제1회 총회에서 성결교회 33년의 전통을 깨고 평신도가 총회 부서기로 피선되었다.

"나 다니엘이 서책으로 말미암아 여호와의 말씀이 선지자 예레미야에게 임하여 고하신 그 년 수를 깨달았나니"(단 9:2).

애국운동과 평신도운동의 선구자 윤판석 장로님

소년단 사건과 소년 전도

윤판석 장로님은 1910년 논산에서 태어났다. 본명은 경식이었으나 예수를 믿은 후 반석을 거센소리로 하여 판석이라고 하지 않았나 생각한다. 그가 서당에서 5년 간의 한문 수업을 마치고 신학문을 배우기 위해 강경보통학교에 편입하여 모든 과목에 거의 만점을 받는 우수한 학생이었으나 14살이 되던 5학년 가을에 갑자기 담임교사가 바뀌어 문제가 생겼다. 학생들에게 국사 과목을 통해 민족혼을 불러일으켜 주던 김형시 선생을 몰아내고 일본인 에노리 선생이 반을 맡은 첫 시간부터 한국 역사를 빼고 일본 역사를 가르치자, 윤판석이 단장으로 있는 성애소년단원 중 반우 8명이 똘똘 뭉쳐 수업을 거부하며 항의했다. 그리고 윤판석은 일본인 교장의 경거망동에 분통이 터져 앞에 놓인 찻종지를 교장 이마에 집어던져버린 후 뛰쳐나와 자퇴하였다. 이것이 강경을 떠들썩하게 했던 성애소년단사건이다. 이 사건으로 윤판석은 배움이란 학교에만 있는 것이 아니라 온천지가 학교라는 생각을 하였고 독학에 뜻을 두고 전보다 더 열심히 공부에 매달렸다. 매일 600 페이지의 책을 독파하였고 종이가 없으면 붓을 물에 찍어 넓은 마루에 가득 차도록 글씨를 써내려갔다.

남달리 영민하고 감상적이며 활동적인 그가 10살 때 강경성결교회에 나가자마자 은혜 받고 친구들을 전도하는데 열심이었다. 그의 소년 전도로 말미암아 예수 믿고 목사나 장로가 된 사람이 수없이 많은데 그 중 대표적인 인물로 「사랑의 원자탄」의 저자 안영준 목사가 있다. 그가 성애소년단 사건으로 학교를 중퇴하였을 때 받은 충격은 매우 컸으나 그가 다니는 교회에서 하나님의 위로와 힘을 얻게 되었다.

그는 이 은혜를 전하기 위해 어른들처럼 북을 메고 어린이들을 모아 교회가 없는 마을을 찾아다니며 전도했다. 그의 열심과 충성은 곧 목사에게 인정받아 21살에 총각 집사가 되었고, 교회 근처 병촌리와 석성리 마을에 교회를 개척할 때 앞장서서 전도했다.

그는 큰 뜻을 펴기 위해 상경한 지 사흘 만에 그동안 페인트 가게에서 일한 경험을 토대로 사업을 하였다. 그리하여 신앙동지 최영휘, 김청룡을 만나 3인 전도대를 조직하여 모자 양복 가방까지 똑같이 만들어 매주일 아침마다 노방전도에 힘썼다. 김청룡이 사람을 모으면 최영휘가 독창을 하고 윤판석은 타고난 웅변술로 설교하여 믿기로 결심한 사람들을 그들의 집에서 가까운 교회로 등록하도록 권했다. 이 3인 전도대는 평소에는 각자의 생업에 힘쓰다가 여름 한 달 동안 전국을 누비면서 전도했다. 구령열에 불타는 윤판석은 직업적으로 한가한 1월부터 3월까지 자비량 어린이부흥강사로 나가기 시작했는데 나중에는 장년집회로 바뀌어지는 경우가 많았다. 이런 집회는 교단을 초월하여 이뤄졌다.

윤판석은 평신도 전도자로 명성이 차츰 알려져 낮에는 사업에 골몰하다가 밤에는 초청받은 교회에 가서 집회를 인도하는 등 불철주야 쉴 틈이 없었다. 그는 전국을 누볐는데 특히 농촌진흥관이나 노인정, 시골 사랑방, 처녀들의 널뛰기 장소, 씨름판, 사설학교, 야학교, 건설현장, 혼인집, 회갑피로연, 천막극장에 이르기까지 복음전도에 열중하였다.

구국운동과 애국의 길

소년시절 퇴학당한 사건은 윤판석에게 민족과 일심동체가 되는 계기였고, 그의 마음에 민족혼의 불씨가 심겨졌다. 그와 함께 퇴학당한 김수련이란 친구에게 비밀편지를 받은 때가 22세였다. 편지 내용은, 그가 상해에 건너가 임시정부요원에 가담하여 김규식 박사 휘하에서 독립운동을 하고 있으니 활동 자금을 비밀리에 만들어 보내달라는 사연이었다. 이 편지를 읽는 순간 윤판석의 피는 끓어올랐다. 그는 한복차림에 고무신을 신고 보따리 하나를 메고 서울로 올라와 돈 벌기 위해 사력을 다했다. 그는 막대한 독립자금을 마련하기 위해 몇 가지 수칙을 세우고 힘썼다. 그것은 ① 가난함을 택하자. ② 여자를 가까이 하지 말자. ③ 진리만을 따르자 ④ 불외(不畏)를 양(養)하라. ⑤ 국산품을 전용하자. ⑥ 첫 결심을 잊지 말자. ⑦ 일전(一錢)을 비웃는 자 일전을 잃는다. ⑧ 급히 서두르지 말고 게으름을 피우지 말자. ⑨ 주님이 가신 그 길로 힘써 달리자. 이 수칙대로 살기 위해 굶기도 많이 했고 잠을 못 이룰 때도 헤아릴 수 없이 많았다.

그의 민족애는 두 가지 면으로 살펴볼 수 있다. 하나는 일본제국주의시대에 구국차원에서의 활동이었고, 또 하나는 해방 후 반탁운동에 앞장서서 투쟁한 반공산당운동이었다.

　일본제국주의시대에 구국차원의 활동은 주로 친구 김수련이 보낸 비밀연락원을 통해 독립운동 자금을 보내는 것이었다. 그것은 동지들을 비밀리에 규합하여 구국의용군을 창설, 1조에 3명으로 편성했는데 그는 제3조 조장으로 일했다. 구국의용군에 가입한 자는 각자 생업에 열심히 종사하여 번 돈 중에서 독립자금을 비축했다가 1년에 두 번 정도 비밀연락원을 통해 상해에 전달했다. 그들의 비밀모임 장소는 장충동 덕화촌이란 중국집과 때로는 금강산 비룡폭포 등 수시로 장소를 바꿨으며 전쟁 말기에는 삼엄한 경계를 벗어나기 위해 북한 또는 만주일대의 전도여행을 기회로 활용하기도 했다.

　일본제국시대 윤판석의 전도 집회는 복음을 통한 민족혼을 일깨우고 애국심을 심어 주는데 힘썼다. 한 예로 당시 신의주성결교회 집사였던 오제도의 증언이 있다.

　일제 고등계 형사들은 시간마다 집회 중에 나타나 강사의 말에 트집을 잡으려고 눈독을 들이고 있건만 윤 강사는 다양한 표정과 말솜씨로 청중에게 매서운 감정을 북돋아 주었다. 어느 날 아침, 돌연 형사들이 교회로 몰려와 윤 강사에게 신사참배를 시키려고 억지로 끌고 갔다. 윤 강사는 교회에 가자마자 기도를 하고 있는데 형사 한 사람이 '사이께레이!'(체 경례)하고 소리를 질렀으나 윤 강사가 부동자세로 기도만 하고 있기에 그를 끌고 경찰서로 갔다. 이 소식을 지검에 근무하던 내가 듣고 급히 가서 따져서 4시간 만에 부장형사를 만났는데 그는 "오늘 저녁부터 일본말로 설교하라"고 명령하였다. 그러자 윤 강사는 "오늘 저녁에 일본말로 설교할 터이니 일본 사람들을 많이 교회로 보내 달라"고 했다. 그날 밤 집회에서 윤 강사는 한국말과 일본말로 섞어서 "미나상(여러분) 오늘저녁 난노다메(무엇 때문에) 오셨습니까?" 하고 첫마디를 내놓은즉 온 청중은 웃음바다가 되었다가 금방 울음바다가 되어버렸다. 이 광경을 목도한 일본인 형사가 "내일부터 한국말로 하라"고 말한 후 가버렸다. 그 후 동부교회, 서부교회, 만정동교회 등 20여 일 계속 집회하는 가운데 구름같이 몰려든 청중들은 집회가 끝난 후에도 신의주역을 떠날 때 '우리 다시 만나 볼 동안'을 소리 높여 불렀다.

"보라 하나님은 나의 구원이시라 내가 의뢰하고 두려움이 없으리니 주 여호와는 나의 힘이시며 나의 노래시며 나의 구원이심이라"(사 12:2).

장신대 발전기금으로 땅 30여 만 평을 흔쾌히 기증한 신용우 장로님

　본인은 신용우 장로님을 생전에 만나뵌 적이 없기 때문에 그와 개인적인 정감을 갖고 있지 않으나 그가 장로회신학대학교를 살려 주었다는 사실에 감격하여 이 글을 쓰게 되었다.
　신 장로님은 거제도 태생으로 평생 거제도를 떠나서 사신 일이 없다. 거제도는 한국 제2의 큰 섬이다. 남해안의 명승지로 기암절벽이 크고 작은 섬들이 많은데다가 계절에 따라 해당화와 동백꽃이 만발하여 사계절 정감을 느낄 수 있는 관광명소이다. 그리고 임진왜란 때의 옥포대승첩 기념비를 비롯한 임진왜란의 유적지와 옥포조선소와 같은 거대한 산업시설이 자리잡고 있어 일 년 내내 관광객이 끊이지 않는다(문화대백과사전 제 1권 692쪽).
　신 장로님은 이렇게 아름다운 곳에서 1895년 10월 17일에 하청면(성북단)에서 아버지 신병주 씨와 어머니 의령

옥 씨의 사이에서 둘째아들로 태어나 그 곳에서 일평생을 지내셨다. 그는 당시 학교가 없어 집에서 한학을 수득하여 면의 유지가 되었으며 1937년부터 하청면 면장을 지냈다.

1889년 호주장로교회의 전도로 설립된 하청교회에서 자라나 봉사하다가 1947년에 장로로 장립받아 1960년 5월 20일에 하나님의 부르심을 받을 때까지 믿음의 지도자요 교회의 어른이었다. 해방 후의 혼란과 6·25 전쟁 중 포로수용소 소란사건으로 온 섬이 불안에 휩싸여 있을 때에 면과 섬과 교회를 안전하게 지킨 큰 인물이었다. 그는 교회의 지도자일 뿐만 아니라 섬 사람들을 위하여 교육사업과 경제발전에 큰 공을 세웠다.

1949년에는 하천중고등학교 재단 이사장을 역임했으며 1952년부터 4년 동안 경상남도의회 의원이 되어 거제도를 위하여 크게 봉사했다. 그는 교육 발전뿐만 아니라 농촌과 지역발전에도 큰 관심을 가졌다. 그 때는 일제의 수탈과 낙후된 농촌정책 때문에 농민들의 어려움은 말로 다 할 수 없었다. 이러한 사정을 잘 알고 있던 신 장로님은 1950년대 초부터 죽순과 고구마 재배를 장려하여 큰 수확을 거두는 동시에 농업기술 발전에 탁월한 성과를 거두어 "죽순과 고구마 할아버지"라는 애칭을 받기도 했다. 또한 일본에 건너가 그 나라의 영농기술을 배우고 돌아와 낙후

한 농사기술을 개량하여 농촌발전에 큰 공을 세웠다. 그중 특기할 것은 거제도 땅에 적합한 수종으로 대나무가 있음을 알고 일본생인 맹종죽 세 그루를 가지고 귀국하여 재배에 성공하였다.

이러한 대나무 재배 성공은 하청면의 잡나무 야산을 푸른 대나무 숲으로 탈바꿈시키는 첫걸음이 되었다. 신 장로님은 거기서 멈추지 않았다. 그가 진주농업고등학교에서 배운 지식을 바탕으로 한국 농촌진흥이라는 큰 비전으로 믿음 안에서 농촌 개량 사업을 확대했다. 대나무를 심어 사계절 푸른 섬으로 만들뿐만 아니라 밤, 고구마, 포도 등의 품종 개량에도 노력한 결과 농촌 경제 발전에 큰 공을 세웠다. 이와 같이 신 장로님은 평생 농촌 개발사업에 헌신한 공이 인정되어 "농촌 지도자 사회 봉사자" 상을 수상하기도 했다.

뿐만 아니라 신 장로님은 교회 지도자 양성에 큰 관심을 갖고 큰 일을 수행했다. 당시 장로회신학대학교는 교육기관으로서 구비해야 할 재단법인이 없었다. 법인 인가에 필요한 재산이 없었기 때문이다. 재단 인가를 받아야 교육기관으로서 자격이 인정되어 대학교라는 명칭을 쓸 수 있었다. 그만큼 교역자 양성의 질이 높아지고 사회적으로도 교역자 목회자의 위상이 높아지게 되는 것이다.

동시에 복음전도에 큰 도움이 된다는 뜻이다. 이사회는 재단을 만들기 위하여 백방으로 노력했으나 도움을 주는 신자가 나타나지 않았다. 이와 같은 어려운 사정을 학교의 총무과장으로부터 전해들은 신 장로님은 이 민족 복음화의 초석이 될 장로회신학대학교의 재단 설립을 곧 하나님의 명령이라고 기도 중에 깨달았다. 그래서 그가 소유하고 있던 부동산 중 산림 100 정보 307230평을 1954년 6월에 장로회신학대학교에 기증하였다. 장로회신학대학교는 이 재산을 근거로 재단법인 대한예수교장로회신학대학교 인가를 받았다.

본인은 이 이야기에 너무나 감동을 받아 두 번이나 그 곳을 찾아가 보았다. 참으로 아름다운 섬이었다. 신 장로님이 심었다는 대나무 숲을 보았고, 고구마 밭, 야채밭, 밀 밭에도 가 보았다. 가는 곳마다 신 장로님의 모습이 떠올라 감개무량하였다. 시골에, 그것도 섬에서 신앙생활을 한다는 것도 감격스러운데 거액의 재산을 아낌없이 내어놓고 주님의 일꾼을 양성하여 이 나라를 기독교국으로 만드는 일에 힘을 바치겠다는 결심은 우리 교단의 모든 교인들뿐만 아니라 하나님께서 크게 칭찬할 만한 일이다.

장로회신학대학교는 제246회 이사회에서 신 장로님의 이와 같은 고귀한 뜻을 길이길이 후손과 후배들에게 전하기 위하여 2007년 4월 24일에 장로님 고향인 경남 거제시 하청면 실전리에 공적비를 세웠다. 표면에 "蘇南 辛容禹 長老 功績 碑"라는 글이 있으며 이면에는 마태복음 5:14~16이 새겨져 있다. "너희는 세상의 빛이라 산 위에 있는 동네가 숨기우지 못할 것이요 사람이 등불을 켜서 말 아래 두지 아니하고 등경 위에 두나니 이러므로 집안 모든 사람에게 비춰느니라 이같이 너희 빛을 사람 앞에 비춰게 하여 저희로 너희 착한 행실을 보고 하늘에 계신 너희 아버지께 영광을 돌리게 하라".

교계 신문지상에 장로들의 크고 작은 사진을 수없이 게재하고 있으나 신 장로님의 사진은 한 번도 게재하지 않았다. 그는 숨어서 조용하게 묵묵히 봉사하는 일에 일생을 바쳤다. 몸으로 뿐만 아니라 거액의 재산까지도 주의 사업을 위하여 바쳤다.

그는 모든 면에 있어서 칭찬과 존경을 받을만한 분이었다. 이러한 분이 한국 교회 안에 좀 더 많이 계시면 세계를 향하여 크게 봉사하려고 하는 한국 교회 앞날에 큰 영광이 있으리라 생각한다.

하나님에 목말랐던 사람, 이종철 장로님

우리나라 역사 기록을 따라 2001년 3월 21일을 찾아보면 한 유명인의 사망일을 알려 준다. 현대 그룹을 창업하여 국내외 대기업으로 일구어낸 고 정주영 회장이다. 나는 그의 죽음 꼭 일주일 전 3월 14일에 소천한 어떤 한 분을 얘기하고자 한다. 공교롭게도 이 두 사람은 같은 해 즉 1915년에 태어났다. 그리고 같은 해, 같은 달에 세상을 떠났다.

고 이종철 장로님은 본래 충남 부여에서 출생했으나 고아처럼 떠돌다 보령에 정착했다. 데릴사위로 그 동리에 들어와 농사짓는 일에 열중하며 살았다.

그러던 중 결혼 12년차 되던 1954년, 그는 갑작스런 하나님의 은혜에 사로잡혀 처갓집 외딴 사랑채를 빌려 예배를 드리기 시작했다. 십자가도 만들어 붙였다. 그의 신앙의 뿌리는 어린 시절 어머니의 손을 잡고 인근 주일학교에 다닌 정도였다. 신학교는커녕 당시 소학교도 제대로 나오지 못한 그가 단지 성경 한 권을 들고 성령의 강권하심에 따라 교회를 개척하고 주일마다 설교를 하였다는 사실은 놀랍기 그지없다.

바쁜 농번기에는 들에서 달려와 수요예배를 드렸고, 새벽기도회 역시 하루도 거르지 않았다. 그의 설교에는 뭔가 뜨거움이 있었고, 교인들 중에는 손수건으로 눈물을 훔치는 사람들이 많았다. 아픈 자들이 나았고 귀신들린 자들이 치유되었다.

사람들이 하나둘씩 늘어났고 3~4년 만에 흙벽돌로 된 주포 교회당을 지을 수 있었다. 그 이듬해는 교역자를 모실 수가 있었다. 이 시골 동네의 작은 교회에는 주로 신참내기 전도사들이 왔는데 그들의 목회 미숙으로 인한 시행착오는 계속됐다. 그 때마다 이 장로님은 분명하게 목회자의 허물을 덮는 일에 주저하지 않았고, 교회는 빨리 평온을 되찾곤 했다.

교역자로 온 전도사들은 좀 익숙해질 만하면 목사가 되어 읍내나 좀 더 큰 교회로 떠나갔다. 그런 와중에서도 교회는 점점 성장하여 인근에서 제법 든든한 교회로 알려지게 되었다. 이 장로님의 신조는 분명했다. "장로는 목회자가 소신껏 목회할 수 있도록 배려하면 된다." 목사님에게 연락이 오면 바쁜 보리타작 날이라 할지라도 바로 심방 가방을 들고 집을 나섰다(뒷처리는 아내 안 권사의 몫이 되었다). 특히 치유 은사를 많이 경험한 그였지만 목사님이 환자 머리에 손을 얹을 때 곁에서 어깨에 손을 얹고 기도에 동참하였다.

교회가 큰 시험에 휘말릴 뻔한 일도 있었다. 그것은 목회자가 청년 여반사와 함께 사라진 일이었다. 사택에 불화가 잦았다느니 그 여 선생이 어쨌다느니…… 교회는 술렁이게 되었다. 더구나 그 작은 시골 면 소재지는 목사 스캔들로 벌집 쑤신듯했다. 이 장로님 내외는 이 문제를 일절 입에 담지 않았다. 그저 기도로 쓰라린 마음을 담아내기 시작했다. 교회는 놀랍게도 빨리 안정을 회복했고 사람들은 그 기억을 잊어갔다.

이제 교회는 튼실하게 자리하고 있었고, 당시 집안일은 이미 큰아들 내외가 하고 있었다. 매일 가정 예배로 키워낸 자식들은 장성하여 각기 자리를 잡아갔다. 그 동안에도 그는 십리 즈음의 동네에 이단으로 인해 문을 닫은 한 교회를 찾아 지속적으로 예배를 인도하면서 결국 회복시킬 수가 있었다.

그런 그는 마지막 헌신을 주께 드리기로 결정했다. 목사님을 찾아갔다. 등 넘어 관산 동네에 교회 개척을 위한 몇 년을 허락받기 위해서였다. 이 장로님 부부는 뜻을 같이하는 집 사랑채에 간이살림을 차리고 그 집 텃밭을 빌려 천막 교회당을 지었다. 이렇게 관산교회가 세워졌다.

이제 노년에 이른 이 장로님은 본 교회로 돌아와 장로로 충성하였다. 매일 이른 새벽, 새벽종을 쳤고 그것이 차임벨로 바뀔 때까지 그 수고를 계속하였다. 목청이 좋은 편인 그는 주일 예배 전에 손수 마이크를 잡고 찬송 인도를 하였다.

1989년 봄날은 주포교회뿐만 아니라 그의 생에 참으로 의미 있는 날이 되었다. 그날 이 장로님은 장로로 장립받는 자신의 장남에게 손수 장로 가운을 입혀 주었다. 일생 동안 교인들에 대한 그의 주장하지 않는 자세와 목회자에 대한 존중의 자세는 일관되었다.

그리고 소천하기 3주 전까지 대표기도 순서에 따라서 강단에 올라 낭랑한 기도를 하였다.

이종철 장로님! 그는 일생 동네 밖을 멀리 나가 보지 못했고 신문에도 나지 못했으며 부유하게 살지도 못했다. 그러나 그는 한 영혼을 사랑하는 주님의 마음을 알아 그 일에 신명을 다했고, 하나님께서는 장로님의 6남 3녀 자식들을 책임지어 복을 주셨다.

— 삼가 부친 이종철 장로님을 기리며 —

목사에게 협력하고자
목숨까지 내놓으신 김덕영 장로님

필자는 목회하는 중에 훌륭한 성도들을 많이 만났다. 그 신앙과 인격이 훌륭해서 지금도 잊혀지지 않고 생각나는 분들이 많다. 그 중에 장로님 한 분을 소개하려고 한다. 그 분은 인천제일교회 김덕영 은퇴장로님이다.

장로님은 이북에서 피난 오신 분이신데, 원래는 예수님을 믿지 않으셨다. 그러나 인천제일교회 원로목사님이셨던 이기혁 목사님을 만나면서 그 신앙과 인격에 감화받아 예수님을 믿게 되셨다. 젊은 시절에는 술을 너무 좋아해서 실수도 많이 했지만, 이기혁 목사님께서 사랑과 이해로 늘 감싸주셨다고 한다. 그런 목사님의 사랑과 보살핌을 통해 자연스레 예수님을 구주로 영접했다.

그 이후 그는 훌륭한 크리스천이 되어 주님의 사명을 감당하셨다. 특별히 교장으로 은퇴하기까지 인성여고에서 기독교 정신에 따라 학생들을 가르치시고, 사랑으로 보살피고 섬기셨다.

　장로님은 남을 칭찬하고 격려하는 일은 많이 하셔도, 비판하거나 비난하는 일은 거의 없으셨다. 또한 매사에 신중하고 공정하게 일을 처리하셨다. 당회를 하는 중에도 많은 논쟁이 있을 때에는 특별히 말씀을 많이 하지 않으셨다. 그리고 한 번 말씀하실 때에는 정확하고 바른 판단과 객관성을 가지고 공정하게 말씀하셨다. 그래서 의견이 엇갈리고 감정이 대립할 때, 정확한 판단력으로 엇갈린 의견들을 조정하여 원만하고 은혜스럽게 해결하셨다. 자연히 후배 장로님들의 존경을 받았고, 많은 사람들이 어려운 일이 있을 때 장로님의 지혜와 조언을 구했다. 장로님은 젊은 목사에게도 늘 칭찬과 격려를 아끼지 않으셨다. 그래서 장로님을 만나서 대화를 하면 새 힘이 나고 마음이 편안해졌다.

　당회 안건에 대한 논쟁이 길어져 자정이 훨씬 지나서 당회가 끝난 적이 있었다. 이렇게 늦게 당회가 끝나면 다음 날 새벽기도회에 참석하는 것이 쉽지가 않다. 특히나 다음 날 많은 일정이 있을 때 새벽기도는 큰 부담으로 다가온다. 마음 한구석에는 새벽기도를 하루 쉬고 싶다는 마음이 일어날 때도 있었다. 그럴 때마다 김덕영 장로님은 하루도 빠지지 않고 새벽기도회에 참석하신다는 것이 생각난다. 늦게 당회가 끝났지만 연세 많은 장로님도 새벽기도회에 참석하시는데, 젊은 목사가 빠질 수 없다는 생각이 강하게 일어났다.

　며칠 후에 필자는 장로님께 당회가 늦게 끝나서 피곤하실 텐데 어떻게 다음날 새벽기도회에 빠지지 않고 참석하셨는지 여쭤 보았다. 그랬더니 장로님은, "목사님도 참석하실 텐데, 제가 빠질 수 없다고 생각해서 참석했더니 역시 목사님도 나오셨다."는 말씀을 하셨다. 장로님의 말씀을 들으며, 신앙생활도 격려할 때 더 잘할 수 있다는 사실을 깊이 깨달았다.

　한번은 교회에서 부흥회를 은혜스럽게 마쳤다. 며칠 후 장로님을 만났는데, 느닷없이 "목사님, 제 목을 내놓기로 했습니다."라고 말씀하셨다. 필자는 의아해서 무슨 말씀인가 여쭤 보았다. 강사 목사님의 설교 중에 브리스길라와 아굴라가 바울을 위하여 자기의 목이라도 내어 놓았다(롬 16:4)는 말씀을 하면서, 목사에게 협력하라는 내용의 설교를 했는데, 장로님도 그렇게 목을 내놓기로 하셨다는 말씀이었다. 있는 그대로 순수하고 진실하게 말씀하시면서 목사를 격려할 때, 필자는 참으로 감동을 받았다.

　그리고 여러 해 후에 필자는 인천제일교회를 사임하였다. 떠나면서 장로님께서 "목을 내놓았다."는 그 말씀이 마음에 걸렸다. 훌륭한 장로님과 헤어지는 것이 서운했고,

그렇게 순수한 믿음을 가진 장로님을 두고 도망하는 것 같아서 발걸음을 옮기기가 쉽지 않았다. 비록 그 교회를 떠나 새로운 목회지에서 사역하고 있지만, 지금도 장로님을 생각하면 마음이 따뜻해진다. 그 분의 순수한 믿음, 바른 판단을 늘 염두에 두면서 계속 배워나가고 있다. 귀한 만남을 허락하셔서 누군가를 추억하며 이런 따뜻함과 존경을 보낼 수 있게 하신 하나님께 감사하며 글을 맺는다.

"네가 죽도록 충성하라 그리하면 내가 생명의 면류관을 네게 주리라" (계 2:10).

기도하실 때마다 눈물 흘리시는 울보 장로님

울보 베드로

예수님께서 부활 승천하신 후에 베드로는 늘 손수건을 주머니 속에 넣고 다녔다고 한다. 예수님을 생각할 때마다 그 큰 사랑에 흘러넘치는 눈물을 억제하지 못했고, 특별히 예수님을 모른다고 극구 부인한 것을 생각할 때마다 쏟아지는 눈물을 닦느라 베드로의 손수건은 늘 젖어 있었다. 사람들은 이런 베드로를 울보라고 불렀고, 그때부터 베드로의 별명은 울보였다고 한다. 울보 베드로…….

울보 장로님

내 잘못 때문에 우는 것은 누구나 할 수 있다.
그러나 다른 사람의 잘못을 보고 우는 것은
아무나 할 수 없다.

내가 성공하기 위해서 우는 것은 누구나 할 수 있다.
그러나 다른 사람의 복을 위해 우는 것은
아무나 할 수 없다.
내 죄를 사함받기 위해 우는 것은 누구나 할 수 있다.
그러나 다른 사람의 죄사함을 위해 우는 것은
아무나 할 수 없다.
내 믿음 성장을 위해 우는 것은 누구나 할 수 있다.
그러나 연약한 사람의 믿음 성장을 위해 우는 것은
아무나 할 수 없다.
내 건강을 위해 우는 것은 누구나 할 수 있다.
그러나 다른 사람의 건강을 위해 우는 것은
아무나 할 수 없다.
내 자녀의 행복을 위해 우는 것은 누구나 할 수 있다.
그러나 다른 사람의 행복을 위해 우는 것은
아무나 할 수 없다.
사람은 누구나 자기를 위해서라면
하루 종일 울어도 모자람이 없지만 남을 위해서라면
한 방울의 눈물도 아까워한다.

기도할 때마다 늘 우시던 장로님이 계신다. 나형렬 원로 장로님이시다. 기도를 인도하실 때마다 늘 울음으로 목이

메인다. "하나님 아버지!" 하고는 목이 잠겼고, "사랑 많으신 예수님!" 하고는 말을 잇지 못하셨고 "우리 목사님" 하시고는 눈물을 삼키셨다. 남보다 죄가 많아서가 아니다. 은혜가 많아서이다. 세련되지 못해서가 아니다. 마음이 맑고 깨끗해서이다. 절제하지 못해서가 아니다. 주님을 생각하는 사랑이 컸기 때문이다.

일부러 보이기 위한 눈물이 아니다. 성령께서 감동하시는 감격의 눈물이다. 자신의 처지가 불쌍해서 우는 슬픔의 눈물이 아니다. 영혼을 구원하고자 하는 구령의 눈물이다. 무얼 더 달라고 보채는 눈물이 아니다. 하나님께 더 열심을 내고자 하는 눈물이다.

장로님의 자녀들만 잘 되게 해 달라고 비는 눈물이 아니다. 모두가 잘 되게 해달라고 비는 눈물이다. 장로님 가정만 구원받겠다고 흘리는 눈물이 아니다. 모두가 구원받기 위해서 흘리는 눈물이다. 모두를 위한 기도의 눈물이요, 이 땅에 하나님나라를 이루기 위해 흘리는 아름다운 눈물이다.

이런 아름다운 눈물로 인해서 교회가 평안해진다. 이런 아름다운 눈물이 있기에 서로 용서하고, 서로 사랑하며, 교회가 부흥하며 하나님의 뜻이 이루어진다. 분명 장로님은 눈물이 많다. 그러나 아무도 울보라고 놀리지 않는다. 오히려 그 앞에서 머리가 숙여진다. 예수님을 향한 뜨거운 사랑과 베드로의 눈물 손수건을 물려받았기 때문이시다.

아, 그립다! 베드로의 눈물 손수건을 가졌던 장로님의 그 모습이……,

"눈물을 흘리며 씨를 뿌리는 자는 기쁨으로 거두리로다"(시 126:5).

20세기의 엘리야 이복량 장로님

이복량 장로님은 1956년 만 42세 때에 광주 동명교회에서 장로로 장립받았다. 그는 1939년 보통문관시험에 합격하여 공직자의 길에 들어섰고 이후 전라남도 구례 군수, 여천 군수, 산업국장, 내무국장, 보건사회국장, 부지사 등 직책을 맡아 정년퇴임하기까지 38년 간 모범 공무원으로, 청백리의 표상으로 살아오셨다. 이로 인해 장관, 국무총리, 대통령 표창도 여러 번 받으셨다. 장로님이 평생 살아오신 흔적은 94세 되던 2007년에 자서전 「영성으로 섬긴 국가」에 자세히 나와 있다.

나는 아들로 아버지 이복량님을 아주 존경하고 사랑하지만 본고에서는 목사로서 장로님의 순수한 신앙과 헌신적인 봉사, 그가 체험한 영적인 간증을 중심으로 몇 가지 소개하고자 한다.

앞에 붙인 제목은 1966년 8월 20일자 예장(합동) 기관지인 기독신문에 실린 제목이다. 그가 구례 군수로 재직 시 가뭄이 극심하여 농작물이 타들어간 적이 있었다. 민심은 흉흉하여 "이런 때 군수는 뭐하고 있는가?" "기우제라도 드려야 하는 것 아냐?" 등등 말들이 무성했다.

장로님은 당황스러웠다. 기우제란 말이 나오는 것만으로도 하나님께 죄를 짓는 기분이었다. 그는 평소에 늘 임사호천(臨事呼天)의 신앙으로 살아오셨다. "너는 내게 부르짖으라 내가 네게 응답하겠고 네가 알지 못하는 크고 비밀한 일을 네게 보이리라"(렘 33:3).

그는 기도하기로 결심하고 지리산 기슭 해발 약 500m 높이의 산성산에 올라가 단식기도를 시작했다. 이는 당시 상황으로 보아 생명을 건 결단이었다. 지리산 자락에는 빨갱이들이 밤낮으로 출몰하던 때였고, 언제 맹수의 공격을 받을지 모르는 상황이었기에 일사각오의 신앙이 아니고서는 감히 할 수 없는 일을 장로님은 시작한 것이다. 그는 묘 곁에서 잠도 안 자고 금식기도를 계속했다. 이스라엘의 하나님은 졸지도 않고 주무시지도 않으며 그를 지켜 주셨는지 빨갱이도 그 곳을 피해 갔고 맹수의 공격도 받지 않았다.

4일째 되는 날 장로님은 더욱 격렬하게 부르짖었다.

"하나님의 명예가 세상 사람들에게 밝혀서야 되겠습니

까? 비 아니면 이제 제 목숨을 거두어 가십시오. 하나님! 하나님!" 절규하는 군수, 이 장로님의 기도에 미쁘신 하나님이 드디어 응답하셨다. 하늘이 열리고 비가 내리기 시작했다. 연일 300mm 가량의 흡족한 비가 내려 그해 농사가 잘 되었으니 군민들의 칭송은 말할 것도 없고, 이로 인해 믿지 않는 사람들에게도 하나님의 살아계심과 전능하심을 증거하게 되었으니 얼마나 감사한 일인가? 여호와 닛시의 하나님께 영광과 찬양을 돌린다.

 아합 왕 때 이스라엘에 3년 6개월이나 하늘문이 닫히고 비가 오지 않아 흉년이 자심한 때에 엘리야가 갈멜산에서 바알 선지자와 아세라 선지자 450명과 대결하여 비가 내리게 한 성경말씀(왕상 18장)을 인용하여 '20세기의 엘리야'로 지칭하였던 것이다.

주일성수를 위해 용기 있는 결단을 하신 이복량 장로님

"안식일을 기억하여 거룩히 지키라"(출 20:8).

십계명 중 제4계명인 성수주일 문제는 공직생활을 하는 이복량 장로님에게 큰 시험거리가 아닐 수 없었다. 공직자는 상급자 지시에 따라 움직이기 때문에 때로는 눈치를 살펴야 하고, 하급직원에게는 본을 보여야하므로 난관에 부딪칠 때가 있다.

장로님이 전라남도 내무국장으로 근무할 당시 성수주일 문제로 시험대에 올랐다. 시국은 5·16군사혁명으로 군인이 도지사를 맡고 있는 때여서 평시와는 달리 군인 속성상 상명하복이 더욱 엄격한 상황이었다. 당시 전남 도지사는 송호림 장군이었는데, 매 주일마다 도 간부들을 소집하여 업무보고를 하게 하였다. 이로 인해 장로님은 착잡한 심정으로 갈등이 시작되었다.

하나님을 믿는 장로로 주일을 범할 수 없고 그렇다고 중요한 업무보고 자리에 빠질 수도 없는 진퇴양난에 빠질 수밖에 없었다. "하나님을 기쁘게 하랴 사람을 기쁘게 하랴" 이 말씀을 묵상하다가 방법은 기도하는 수밖에 없었다. 사력을 다해 기도하는 중에 하나님은 계시를 통해 그의 길을 보여 주셨다. "죽으면 죽으리라"는 각오로 민족 구원을 이룬 에스더의 선택이 보였고, 사자굴에 던져져 죽을지라도 하루 세 번 예루살렘 성전을 향한 기도를 멈추지 않았던 다니엘의 환상이었다. 선택은 분명해졌다. '그래, 내가 참석하지 않아 그 자리에서 파면되더라도 할 수 없다. 하나님께서 다음은 예비해 주실 것이다.' 하는 믿음으로 서무과장이 대신 참석토록 하고 교회에 나가서 예배를 드렸다.

도지사의 화난 모습은 보지 않아도 뻔하다. "그래, 직장을 그만 두어도 예수 믿는 일이 중요하단 말이지." 자존심이 상해서인지 두 번째 주일에도 세 번째 주일에도 계속 회의를 소집했다. 장로님 역시 주일을 지키다가 인사상 어떤 불이익이 와도 물러설 수 없는 일이었기에 계속 서무과장을 대리 참석토록 했다. 도지사는 책잡을 일을 찾아보았지만 업무상 전혀 책잡힐 일이 없었다. 급기야 도지사가 손을 들었다. "이 사람 신앙에는 내가 손을 들었어. 믿으려면 이 정도로 믿어야지. 이 사람 진짜배기네." 이후부터 주일에는 교회 가는 장로로 인정하게 되었다.

성수주일 신앙은 교인의 기본이란 신념으로 어떠한 상황 윤리에도 타협하지 않고 기도와 말씀으로 산 장로님의 삶을 하나님은 보시고 도지사의 마음을 움직이신 것으로 믿는다. 도지사가 군인이었으므로 이 상황을 받아들이기가 쉽지 않았을 것을 알기에 이 또한 감사하게 생각한다.

이복량 장로님의
새벽기도 70년, 자녀 손 위한 축복기도

　　이복량 장로님의 일평생은 기도의 삶이라고 할 수 있다. 장로님은 "기도는 공짜가 없다." "기도는 외상이 없다."는 믿음으로 자신의 영적 성숙과 자녀 손을 위한 기도를 쉬임없이 드려왔다. 특별히 공직자로서 넘어야 할 험산준령이 닥칠 때마다, 합리적인 유혹으로 시험이 다가올 때마다 "구하라 주실 것이요 찾으라 찾을 것이요 문을 두드리라 열릴 것이라"는 말씀을 붙잡고 오로지 기도로 극복하고 해결함으로 38년의 공직생활을 아름답게 마무리할 수가 있었다.

　　장로님은 2남 3녀의 자녀를 두셨다. 장남은 서울 소망교회(김지철 목사 시무) 원로장로이며 숭실대학교 11대 총장이신 이효계 장로이고, 내가 차남 이효은 목사(화정충현교회)이다. 이효계 장로님에 대해선 따로 소개했지만 그처럼 훌륭하게 직책을 감당하는 것이나, 부족한 내가 교회를 섬기면서 예장(합동) 부흥사회 대표회장직까지 맡아 구령사역에 헌신하는 것도 모두가 아버님의 기도 덕분이라 확신한다.

또한 세 딸과 사위들도 장로로, 권사로, 집사로 모두 신앙생활을 잘하고, 자기 분야에서 신뢰받으며 믿음의 사람으로 헌신 봉사하는 것은 부모님이 혼신의 힘을 다해 기도해 주시는 열매이다.

장로님은 매일 새벽 3시 30분이면 어김없이 기상하여 예배에 대한 설레임과 기대감으로 새벽기도회에 참석하신다. 연세가 지금 94세인데 70년 가까이 이렇게 새벽제단을 한결같이 쌓아오셨다.

장로님은 60세에 공직에서 은퇴하신 후 더더욱 하나님 제일주의로 사시며 기도가 본업이라고 할 만큼 기도의 줄을 놓지 않으신다. 장로님은 직계자손이 56명인데, 수첩에 이름을 다 적어 놓고 매일 새벽마다 또 낮이나 밤이나 시간이 있을 때마다 하나하나 이름을 불러가며 각자의 형편에 따라 중보기도를 하신다.

장로님의 신령한 영성과 남다른 건강, 긴 인생여정을 무사히 지내온 것은 새벽기도에서 받은 은혜와 지혜로 말미암았다고 간증하신다. 날이면 날마다 이처럼 자녀 손들을 축복하며 위하여 기도하고, 삶으로 본을 보여 주시니 그 후대가 복을 받아 아름다운 믿음의 가문으로 자자손손 이어질 것을 생각하니 이런 훌륭한 부모님(어머니 박정희 권사)을 주신 하나님께 감사와 영광을 돌려 드린다.

장로님이 자서전에 남기신 기도문 하나를 소개한다.

"오, 주여! 감사합니다. 내가 이렇게 기도하고 기도할 수 있도록 자손 주심을, 날마다 기도하고 기도하여도 시간이 모자라도록 은혜 주심을 감사합니다. 저의 기도를 들어 응답하시고 아버지 뜻을 저의 자손을 통하여 이루소서. 민족 복음화와 구원의 큰 사명을 감당하게 하시고 이제 자녀 손을 통하여 세계를 상대로 하여 선교의 문이 열리게 하소서. 예수님의 이름으로 기도하옵나이다. 아멘"

신선한 충격을 준 숭실대학교 총장 이효계 장로님

서울 소망교회 원로장로이며 숭실대학교 11대 총장이신 이효계 장로님에겐 감동적인 일화들이 너무도 많다.

첫째, 그는 기도의 사람이다. 중학교 2학년 무렵부터 시작한 그의 새벽기도는 56년이 지난 오늘날까지 늘 한결같다. 새벽 4시면 일어나서 세상을 접하기 전에 깨끗한 마음으로 하나님께 기도함으로 하루의 삶을 연다는 것이다.

장로님이 1990년도에 광주직할시장으로 재임 당시 시장 집무실에 기도골방을 따로 만들어 놓고 복잡한 문제에 직면하면 이 곳에서 하나님께 기도함으로 지혜와 용기를 얻어 슬기롭게 풀어갔던 이야기는 관가에도 널리 알려진 일화이다.

1992년 4월에 장로님은 전남지사로 발령을 받았다. 부임하던 그해 우루과이라운드의 영향으로 농민들이 경운기에 벼를 싣고 각 군청 문 앞에 몰려와 '전량수매'를 요구하며 격렬하게 시위했다. 심지어 어느 곳에선 벼에 휘발유를 뿌리고 불을 지르기도 했다. 착잡하고 안타까움에 휩싸인 장로님은 이 문제를 놓고 기도하기 시작했다. 7일간의 금식기도를 마치는 날 서울에서 전화 한 통이 걸려왔다. 전남 출신의 한 기업인이 쌀을 구매해서 직원들에게 나눠 주겠다는 희소식이었다.

도시와 농촌 간에 협동과 나눔을 통해 어려움을 극복할 아이디어를 얻어서 그해 11월 서울 교육문화회관에서 '전남 가을 쌀 예매제'를 실시하여 어려움을 슬기롭게 극복했다. 그가 평생을 쉬지 않고 지속해온 새벽기도의 응답인 줄 믿는다.

둘째, 장로님이 숭실대학교 총장으로 부임하면서 세상에 신선한 충격을 던져준 것은 임기 4년 동안의 연봉 전액을 학교 발전 기금으로 헌납한 일이다.

그가 부임하면서 가장 먼저 한 일은 당시 학교의 현실을 동문들과 8000여 교회에 기도 편지를 발송하는 것이었다. 편지 내용은 사학 10위권 진입과 학교 발전을 위한 기금 조성에 대한 관심을 가지고 기도해 달라는 것이었는데, 새벽에 기도하는 중에 '너부터'란 마음을 주셨다. 이는 분명한 하나님의 음성이었다. 장로님은 용단을 내려 연봉 전액 헌납을 단행하였다. 이 사건은 대내외적으로 신선한 충격을 주어 많은 교직원들이 기금 조성에 동참하기도 했고, 여러 대학의 총장들이 벤치마킹 하고 있다고 한다.

셋째, 장로님은 항상 말씀을 사모하고 사랑하시는 분이다.

그는 말씀 속에서 삶의 규범을 찾고 말씀의 지배를 받아 사신다. 새벽기도와 함께 말씀 묵상 속에서 하나님 음성을 듣고 삶의 이정표를 세워서 사는 말씀의 사람이다.

그가 말씀을 얼마나 사모하는지는 '한국성서연구회'를 통해 성경공부를 계속하고 있는 데서도 찾아볼 수 있다. 한국성서연구회는 교육자, 기업인, 정치인, 군장성, 법조인 등 30여 명이 모여 성경을 연구하는 순수한 성경연구 공동체로 28년째 매주 토요일 새벽 6:30부터 2시간씩 성경 공부를 계속하고 있다.

이 모임에 장로님이 현재 회장직을 맡고 있다. 공무에 얼마나 바쁘게 사시겠는가? 그런 중에도 성경공부 모임에 꼭 참석할 뿐 아니라 이 모임을 은혜스럽게 이끌어 가신다 하니 복음에 대한 그의 열정을 가히 짐작하고도 남는다.

우리를 감동시키는 일화를 이 짧은 지면에 어찌 다 담으리요. 장로님의 자서전이라도 기대하면서 여기서는 각필한다.

청교도적 신앙으로 교회를 섬긴 임치재 장로님

　임치재 장로님은 정릉교회를 평생 섬기신 분이다. 먼저 하늘나라로 부름받으신 용희창 목사님과 함께 골짜기였던 정릉에서 교회를 세우고 섬기셨다. 임 장로님은 중국에서 큰 사업을 하여 상당한 재산을 마련하셨다고 한다. 일제의 패망을 예측한 장로님은 중국에서 모은 재산으로 고향 땅인 황해도 재령에 많은 땅을 구입하셨다.
　그러나 공산당의 출현은 예상 못하셨던 것 같다. 결국 공산당이 정권을 잡게 되자 임 장로님은 평생을 모은 재산을 뒤로 하고, 오로지 신앙의 자유를 찾아 어린 식솔들을 이끌고 남으로 내려오셨다. 아무런 연고도 없는 남한 땅에서 자리한 곳이 정릉 골짜기였다고 한다.
　임 장로님은 특유의 근면성과 성실함으로 사업을 일으켜서 자손들을 훌륭히 교육시키고, 교회도 열심히 섬기셨다. 고구마를 삶아 나누어 먹으면서 교인들과 함께 온몸으로 건축한 정릉교회는 한국 교회에서도 대표적인 교회들 중 하나로 성장하였다. 또한 자녀들도 훌륭하게 성장하여 큰아들은 대학교수요 정릉교회의 장로로, 작은아들은 국제원자력기구의 한국 대표위원이요 장로로, 큰딸과 작은딸은 훌륭한 기업가의 부인이자 권사로 활동하고 있다. 손자와 손녀 대에는 신학대학교수, 변호사, 의사, 약사, 금융기관 간부, 기업인들로 열매가 더욱 풍성하게 맺혔다.

이러한 외형적 열매도 임 장로님과 하나님의 돈독한 관계를 나타내는 데에 증거가 되지만, 사실 임 장로님이 우리 신앙의 후배들에게 모범이 되는 것은 그 분의 신실한 교회 봉사와 섬김의 모습이다. 선임 장로로서 교회를 섬기면서 여러 면에서 어려움이 많았을 것이 분명하다. 그러나 그 분의 입에서는 전혀 목회자나 동료 장로님들에 대한 불만이나 비난을 찾아 볼 수 없었다.

여러 목회자와 함께 교회를 섬기셨지만, 항상 목회자를 존중하면서 그 분을 위해 기도하고 섬기셨다. 그러나 성경과 신앙의 원칙에 어긋나는 일에는 분명히 반대의 의사를 표하셨던 것을 기억한다. 물론 그 반대는 인격적인 반대가 아니었고, 다만 사안에 대하여 보다 신중한 숙고와 논의가 필요함을 요구하는 것이었다. 그러기에 의견이 다르다고 하더라도 그것을 인격적 갈등이나 분쟁으로 옮겨가지 않으셨다. 무엇보다 임 장로님이 교회의 일을 제일 우선으로 생각하고 실천하시는 섬김의 모습이 다른 후배들에게는 존경의 표상이 될 수밖에 없다. 특별히 교회의 일과 관련하여 어떤 의미에서도 경제적 이익을 취하는 것을 경계하신 장로님의 청교도적 신앙의 태도를 우리 후배들은 본받아야 할 것이다.

사실 임 장로님은 필자의 할아버지 되시는 어른이시다. 손주가 할아버지에 대하여 많은 이야기를 하는 것이 혹 족보를 자랑하는 것 같아 조심스러운 마음이 크다. 그러나 할아버지로서 보다는 장로님으로서 목사인 필자에게 큰 영향을 주셨기에 감히 이러한 글을 나눈다.

만약 우리가 서로서로 남이 아니고, 하나님 아버지의 아들이요 딸이라고 생각한다면, 즉 한 분 하나님 안에서 할아버지요 아버지요 아들과 딸이라고 생각한다면 훨씬 더 살가운 관계로 만날 수 있지 않을까? 오늘날 많은 교회에서 부끄러운 일들이 일어나는 것은 우리가 서로를 남이라고 생각하기 때문이 아닐까?

우리는 남이 아니다. 한 분 하나님 아버지 안에서 형제

자매된 이들이다. 또한 그리스도의 사랑 안에서 하나가 된 이들이다. 이제 이러한 사랑을 우리의 삶으로, 구체적 섬김으로 증거하는 우리 모두가 되기를 바란다. 우리 할아버지, 임치재 장로님처럼!

"인자가 온 것은 섬김을 받으려 함이 아니라 도리어 섬기려 하고 자기 목숨을 많은 사람의 대속물로 주려 함이니라"(마 20:28).

목사 대신 경찰서를 찾아간 황성필 장로님

잊을 수 없는 사람들이 많다. 특히 교역자와 교인들 간에 은혜를 다 보답하기 어렵다.

이사를 가는 곳에서 좋은 교역자를 만나 덕을 나타내며 베풀며 사는 자와 물질적으로나 신앙의 영적 도움을 입고 평생 사는 사람이 있다.

황성필 장로님은 구파발로 이사 오면서부터 구파발교회에서 신앙생활을 하며 은혜 받고 믿음이 성장하였다. 당시 구파발교회는 성장하는 교회여서 일꾼을 많이 필요로 하던 시기였다.

장로님은 좋은 교회를 택하였고, 우리 교인들은 좋은 장로님을 만났다. 교회에서 서리집사로, 교사로, 장로로 섬기며 사랑의 교제를 나누었다. 또한 노회 연합사업에 중대한 역할을 감당했을 뿐만 아니라 도서출판 소망사를 통하여 지혜와 소망을 심어 주는데 힘을 다했다.

장로는 섬기는 교회에서 인정받고, 연합회를 통하여 본

을 보이며 신앙의 덕을 나타내어 목회자와 합심하고, 교회에서 존대받는 사람이 되어야 한다.

황성필 장로님은 섬김의 자세로 교역자를 섬기며 순종심이 강한 분이었다. 또한 맡겨진 일에 헌신적으로 봉사하고 연합사업에 모범을 보임으로 칭찬을 받았다.

1982년부터 건축위원장이란 중책을 맡았으며, 성전건축을 위하여 일꾼들을 택하여 세우고 회계 업무를 인수인계하는 중에 교회 건축헌금 일부를 Y장로가 유용한 것이 드러났을 때도 울면서 기도하며 수습을 게을리하지 않았다.

1987년 드디어 건축허가가 났다. 하지만 길이 없어 건축은 중단되었고 440m 산길을 따라 새 길을 내야 했지만 구청장이 두 번이나 교체되는 등 건축하는 데 장애가 많았다. 결국 교회 뒤쪽 언덕을 불도저로 밀고 개천을 포장하여 진입로를 낸 후 성전건축이 시작되었다. 황 장로님은 출근하면서 성전 공사 현장에서 오전 시간을 보냈고, 녹지과 직원은 하루 한 번 이상 공사를 살피러 왔다.

그런데 얼마 후 산을 파헤치고 한 공사가 문제 되어 검찰에 보고가 되었고 출두 통지서가 날아왔다. 다음날 황 장로님이 출근해서 일하고 있었는데 갑자기 보이지 않으셨다. 2시간 후에 황 장로님이 나타나셨다.

"어딜 다녀왔습니까?" "녹지과에 다녀왔어요." "녹지과는 왜 갔어요?" "가서 조서 꾸미고 왔어요." "왜 장로님이 조서를 꾸며요, 내가 꾸며야지." "목사님이 고발당하면 남이 보아도 그렇고, 해외 나가는 데도 문제가 되고, 법원에 가면 죄인 취급합니다. 영적 지도자가 새파란 수사관에게 심문당하듯 예우 받아서야 되겠습니까? 그래서 제가 조서를 꾸몄습니다. 사전에 말씀 못 드려 죄송합니다." 그 말을 듣는 순간 나는 가슴이 찡하고 눈시울이 뜨거웠다. 이런 장로님이 계신 것이 너무나 감사하고 자랑스러웠다.

황 장로님은 공사하기 전 사진을 미리 찍어 두어 이것을 가지고 경찰서에 가서 보여 주고 구 도로를 차량이 한두 번 밀어서 정리한 것이어서 문제 될 것이 없다는 조서를 꾸며 그 문제를 해결하였다.

많은 어려움 가운데 우리나라에서 올림픽이 열렸던 1988년에 성전건축은 완성되었고 교회는 큰 성장을 이루었다.

황 장로님 같은 분이 우리 교회에 계셨다는 사실이 자랑스럽다. 교회 일에 헌신적이었던 황 장로님은 교회에 꼭 필요한 분이셨고, 교인들에게 모범이 된 신실한 분이었다.

아직도 할 일이 많은 나이에 하나님나라로 가신 황 장로님이 아쉽고 또한 그립다.

성자처럼 천사처럼 칭송받으신 김용쾌 장로님

필자가 섬기던 경북 청도군 풍각면 차산동 차산교회에 김용쾌 장로님이 계셨다. 그 어른은 동민들에게도 높이 존경받고 칭송을 받으며, 교인들의 존경을 한 몸에 받는 분이셨다.

그런데 그 장로님 부인은 성격이 날카로운 분이셨다. 한 번은 장로님 부인과 어떤 집사 부부가 심한 다툼을 했다. 억울하고 분한 감정을 삭이지 못했던 그 집사는 주일예배를 마친 뒤, 김 장로님께 삿대질을 하며 따지고 대들었다. 그때 그 장로님은 많은 교인들 앞에서 그 봉변을 다 참고 계시더니 한참 후 눈물을 흘리시면서 "이 집사! 내가 잘못해서 그러니 용서해 주게, 다 내 잘못이야."라고 했다. 그러자 그 집사도 흥분을 가라앉히고 상한 감정을 풀었다.

그렇게 하여 장로님은 사람 귀한 시골 교회에서 삿대질을 하던 그 집사를 키워 자기 후임으로 장로를 세우고 돌아가셨다. 하나의 예이지만 필자의 눈에 그 장로님은 성자셨고 천사였다.

필자의 40년 목회에 잊을 수 없는 분으로 기억하고 있는 김용쾌 장로님, 장로님은 하나님나라에서도 많은 상급을 받으시고 영광을 누리실 것을 믿는다.

오늘날 한국 교회 당회원들이 김용쾌 장로님의 고매한 인품과 눈물을 흘리시며 교인들과 교회를 사랑하시고 후계자를 키우신 믿음을 닮길 희망한다.

"내가 모든 사람에게 자유하였으나 스스로 모든 사람에게 종이 된 것은 더 많은 사람을 얻고자 함이라"(고전 9:19).

허물을 덮어 주신 덕장 장로님

　언젠가 서울 수산교회 원로목사님이셨던 백용종 목사님의 제직 세미나에 참석하게 되었다. 나라는 존재가 이 땅에서 없어지는 그 날까지 잊을 수 없는 감동의 이야기를 들었다.
　평안도에 있는 백 목사님 고향에 젊은 목사님이 갓 목사가 되어 부임해 오시게 되었다. 새로 부임해 왔으니 교인들의 기대도 크고 호기심도 많았을 것이다. 또 목사님 자신도 거룩하고 훌륭한 목사로 보여 사랑받고 존경받고자 하여 나름대로 노력했을 것이다.
　그런데 하루는 큰 사건이 터졌다. 청년들이 교회에서 놀다가 한 청년이 화장실을 찾아가 노크도 없이 문을 활짝 열어 젖혔다. 옛날 화장실이니 걸어 잠그는 것도 없었던 모양이다. 그때 마침 화장실 안에는 목사님이 볼일을 보고 있었는데 때마침 담배를 피우며 볼일을 봤던 것이었다.
　교회는 왈칵 뒤집혔고 담배 피우는 목사를 내보내자는

목소리가 커졌다. 하루는 제직회를 열어 담배 피우는 목사를 내보내는 결의를 하게 되었는데 그 누가 그를 변호하며 편을 들 사람이 있었겠는가? 여론은 전부가 내보내야 된다는 것이었다.

잠자코 계시던 장로님이 일어서시더니 "여러분! 여러분의 의견대로 목사님을 내보냅시다. 하지만 담배 피우는 목사님을 내보내면 어디로 가실 것이며 어느 교회가 받아주겠습니까? 가족도 있으신데……그러니까 담배를 끊을 때까지 모시다가 끊으신 다음에 내보냅시다." 하시니 그 장로님의 신앙과 권위에 모든 제직들이 조용해졌다. 그리고 장로님의 뜻을 따르기로 했단다.

그런데 문제는 목사님에게 생겼다. 쫓겨나는 문제는 일시 해결하였지만 다음 주일부터 강단에 올라가 설교할 것을 생각하니 앞이 캄캄해졌다. 그날 밤부터 교회 강단에 엎드려 울며 회개하고 기도하는 중에 성령의 불을 받았다. 그리고 강단에서 눈물 콧물 흘리며 회개하면서 뜨겁게 설교를 하였다. 그러자 모든 성도들이 같이 울며 은혜를 받았다.

얼마 후 장로님은 이제 담배도 끊고 저렇게 변한 목사님이 되었으니 내보내자고 했더니 교인들이 저런 훌륭한 목사님을 어디 가서 모셔오느냐고 하며 반대하여 그대로 모셨다는 이야기이다.

  나는 이야기를 듣는 순간 그 장로님은 성자요 천사라고 생각했다. 그 장로님에게 성자와 천사의 칭호를 드린들 무슨 문제가 있겠는가?

  "서로 용서하기를 하나님이 그리스도 안에서 너희를 용서하심과 같이 하라"(엡 4:32).

목회자에게 불편 주지 않으려고 모든 불평 떠안으시는 홍석돈 장로님

경기도 평택시(송탄) 남부전원교회에서 약 10년 간 협동목사와 담임목사를 역임하면서 만난 장로님이 바로 홍석돈 장로님이다. 고향이 황해도이고 해방 후 피난살이를 송탄에서 시작하였다. 먹고 살기도 힘든 시절에 많은 배움이 있었을 리 만무하다. 중년기에 들어서서야 예수님을 알게 되셨다 한다.

장로님은 예수님을 처음 믿던 때의 감격을 간직하고 계신 분이다. 장로로서 교회 생활을 오래 하다보면 좋지 못한 경험도 많이 있을 터이지만, 늘 말씀에 목말라 하는 순수함을 보이셨다. 교역자를 만나면 모자를 벗고 거의 90도로 허리를 구부려 인사하시며 씩 웃는 모습이 인상적이다.

세 번 건축위원장을 거치면서 오늘의 남부전원교회가 있도록 충성한 분이다. 맨 처음 오산공군부대 근처에 남부전원교회가 설립된 1981년에, 또 10년 전 현재의 자리에 이사 오면서 건평 540평의 교회 본당을, 이후 440평의 교육관을 건축하였다. 지금 교회가 들어선 자리는 10년 전에는 사람이 살지 않는 산속이었고, 도로도 나지 않았었다. 교인들이 교회를 옮겨 짓는 것을 많이 반대하였는데, 장로님은 당시 담임목사님과 함께 소신을 가지고 추진하였다. 기초공사가 시작된 후부터는 아예 교회에 가서 주무셨다. 영하 10도 이하로 내려가는 바람 부는 산속에 혼자 스티로폼 한 장 깔고 담요 덮고 기도하며 밤을 보내었던 것이다.

교육관을 지을 때는 내가 담임목사였다. 70이 다 된 노령이었음에도 가장 믿음직스런 분이시라 다시 건축위원장을 맡겼다. 본당 지을 때도 넉넉하지 못하였지만 교육관은 재정이 바닥난 상태에서 무리하게 시작하였다. 홍 장로님의 경험을 살려서 많은 부분을 직접 시공하였기 때문에 비용이 훨씬 적게 들었다. 재정적인 어려움으로 명절이면 건축업자들이 밀린 대금을 결제해 달라고 아우성쳤다.

또한 성도들 사이에도 불평이 많아졌다. 자기에게 어떤 부분 공사를 맡겨 달라 하기도 하고, 자기가 거래하는 사람에게서 자재를 사 달라 하기도 하고, 왜 벽돌은 그런 색깔을 골랐느냐, 너무 비싸게 했다는 등…… 그 때마다 그 불평을 모두 당신이 떠안고, 담임목사에게는 절대 부담을 주지 않았다.

교회를 건축한 후에는 이런저런 문제로 마음고생을 하였기에, 목사가 힘이 빠지고 교인들과의 관계도 안 좋아지는 것이 상례이다. 그러나 우리가 교육관을 지을 때는 홍 장로님이 모든 짐을 지셨기 때문에 목사는 목회만 충실히 하면 되었다. 한번은 장로님만 이리저리 욕먹는 것이 하도 미안해서 위로의 말을 건넨 적이 있다.

"욕먹지 않고 일 할 수 있나요?" 간단명료한 대답이었다.

이 모든 충성과 열심보다 더 기억에 남는 것은 은퇴 후의 모습이다. 우리 교회 창립 초인 1980년부터 장로로 20년 이상 봉직하셨기 때문에 원로장로로 추대하는 것이 당연한 일이었다. 그러나 이를 한사코 반대하셨다. 원로장로가 될 만한 일을 한 적이 없다는 이유이다. 교회로 보아서는 미안한 일이고 후배 장로들도 무척 많이 권유하였지만, 너무 완강히 반대하셔서 결국 원로장로가 되지 못하고 은퇴식도 변변히 하지 못하였다.

은퇴하고 얼마 지나서 우리 교회 부목사로 있던 목사님이 신도시에 교회를 개척하게 되었다. 70이 넘으신 연세에도 불구하고 그 목사님이 개척하는 교회에 따라 가시겠다 하였다. 남부전원교회에서 25년을 봉사하시고 여기에 모든 삶의 터전이 있으니 고생하러 가시지 말라고 여러 사람이 만류하였다. 하지만 장로님은 자리라도 채워 주는 것이 힘이 될 것이라 하며 굳이 어려운 개척교회의 길로 나서셨다.

"이와 같이 너희도 명령받은 것을 다 행한 후에 이르기를 우리는 무익한 종이라 우리의 하여야 할 일을 한 것뿐이라 할지니라" (눅 17:10).

정필로 장로님의 건축헌금

내가 섬기는 온천제일교회가 교회당 건축을 추진하던 때가 1990년이었다. 당시 건축위원장이 정필로 선임장로님이었다. 그때 계획은 연건평 2천 평을 건축코자 평당 100만원을 잡아 최소한 20억 원이 필요했다.

그러나 그때의 분위기는 건축이 절실하게 느껴질 만큼 피부에 와닿지 않았기 때문에 과연 얼마나 헌금을 할 수 있을지 난감한 심정이었다. 그래서 이 일을 어떻게 풀어야 할지 별의별 생각이 다 났다.

만일 건축을 추진하는 건축위원장이 이 일에 소극적이어서 기대 이하로 헌금하게 되면 전체 교인들의 헌금 의욕도 저하되어 건축 계획에 차질이 생길 것이란 상념도 지울 수 없었다.

그래서 평소 목회에 잘 협력해왔고, 교회 절기헌금 때 십분의 일을 하고자 애써온 정 장로님을 따로 만나 1억 원을 작정해 달라고 권해볼까 망설이다가 그대로 두었다. 지금까지 교인들의 자의적 신앙 행위에 인위적 개입 불가를 목회신조로 해왔기 때문이다.

그러던 중 2월 4일 주일 1부 예배를 마치고, 2부 예배를 들어가기 전에 정필로 장로님이 목양실로 찾아왔다. 윗옷 주머니에서 흰 봉투를 꺼내 내밀었는데 무엇이냐니까 건축헌금이라고 하였다. 그것은 평당 3백만 원 시가인 대지 150평을 4억 원정이라고 하여 헌금한다는 약정서와 땅문서였다. 경찰서장 출신인 장로님께서 20년 전에 벌판이나 다름없는 곳에 사둔 땅으로 그때 장로님이 살던 집 담장 뒤편의 대지였다.

나는 너무도 감사한 마음이 들었다. 몇 차례나 1억 원 헌금을 권해볼까 망설이곤 했는데 장로님 가정에선 목사인 나보다 더 많이 염려하고 기도하던 중 4억 원을 바치기로 하였으니 얼마나 귀한 일인가? 이때처럼 나의 주저함과 망설임이 다행스럽고 고마운 적이 없었다.

그때는 아직도 공식으로 건축헌금을 시행할 계획을 세우기 전이었다. 그 후 3개월이 지나서야 전교인 건축헌금을 하게 되었는데 정 장로님의 헌금을 포함하여 27억 8천여 만 원이 약정되었다. 이에 건축위원회에선 당초 계획을 수정하여 2천 평에서 2천5백 평으로 늘려 설계를 맡겼다.

그리고 교회가 적시에 필요한 금액을 대출받기 위하여 은행에 5년 거치의 적금을 들었으며 또 공사 마무리 단계에선 15억 원을 목표로 한 번 더 헌금하여 16억 5천만 원을 작정하여 딱 두 번의 헌금으로 60억 원 공사를 차질없이 마쳤다. 장로님은 2차 헌금 시에도 1억 원을 헌금하여 총 5억 원을 바쳤고, 그의 아들 가정에서도 1억 원을 헌금하였다. 이것은 재력의 문제가 아니라 신앙과 교회에 대한 애정 문제였다.

하지만 장로님은 건축 초기에 교회에서 재정 결재 중 가벼운 중풍으로 쓰러져서 많이 회복하였으나 아무래도 이전보다는 말과 행동이 불편했다. 그래도 온 교회가 장로님을 위해 기도하고 협력하여 건축위원장직을 계속 수행한 결과 기공 2년이 경과한 1993년에 완공함으로 입당하고 헌당하였다.

그 이듬해 새 성전에서 은퇴와 더불어 원로장로로 추대되었고, 1996년에 승천하셨으나 그때 지어 봉헌한 교회당은 금번에 제91회 교단 총회가 모일 만큼 잘 지은 건축물이었다. 전국장로회장과 총신대학교 재단 감사를 역임할 만큼 대회 활동도 많았으나 늘 진솔하고 겸손하신 자세로 교회를 섬기며 최선을 다하신 정필로 장로님을 나는 정말 잊을 수 없다.

 "무릇 마음이 감동된 자와 무릇 자원하는 자가 와서 성막을 짓기 위하여 그 속에서 쓸 모든 것을 위하여, 거룩한 옷을 위하여 예물을 가져 여호와께 드렸으니"(출 35:21).

젊은이들에게 비전을 심어 주신 유흥직 장로님

　소망교회 청년 회장을 지내고 있을 때 이야기이다. 지금은 주님 품에서 영원한 안식을 누리고 계실 유흥직 장로님이시지만, 유 장로님을 평생에 잊을 수 없는 까닭은 청년부 부장을 한 번도 역임하지 않으신 가운데서도 언제나 다음 세대에 관심과 애정을 갖고 청년들을 바라보셨던 분이기 때문이다.

　내가 소망교회(당시 곽선희 목사님 시무) 청년 회장을 맡고 있을 때(1981~1982년)이다. 연세가 그 때 벌써 60이 훨씬 넘은 분이셨는데 언제나 예배당 현관에서 주일 아침 만날 때면 나를 향해 90도 각도로 허리 숙여 절을 하시다시피 하시는 것이었다. 나는 너무나 황송해서 "장로님 제가 인사를 드려야지요, 어떻게 장로님이 저 같은 새파란 젊은이에게 허리를 숙이세요?" 하고 여쭈어 보면 유 장로님은 항상 이렇게 대답하셨다. "자네 같은 젊은이가 있으므로 우리 교회의 미래가 있어서 너무나 고마워 그래……." 또 만나면 교회에서 열심히 봉사하는 모습을 보시면서 "너무나 고마우이, 너무나 고마우이……." 유 장로님의 그 격려와 칭찬이 잊혀지지가 않는다. 유 장로님을 생각할 때마다 다음과 같은 이야기가 떠오르곤 한다.

한 노인이 도토리나무를 정성껏 심고 있었다. 이런 모습을 바라보던 젊은이가 "할아버지께서는 이 나무에 열매가 맺힐 때까지 살아있을 것이라고 생각하시는지요?" 젊은이가 묻자 노인은 하늘을 바라보며 대답했다. "지금 이 푸른 숲을 봐요. 그러나 내가 태어났을 때는 이렇지 않았다네. 우리 선조들이 우리 세대를 위해 나무를 심었던 것이라오. 이 다음을 생각하지 않으면 모두가 죽는다네."

얼마나 의미심장한 이야기인가? "이 다음을 생각하지 않으면 모두가 죽는다네." 언제나 다음 세대를 향하여 마음을 써주시고 젊은이들에게 끝없이 비전을 심어 주며 격려하시고 투자해 주신 유 장로님 같은 분이 계셨기에 오늘 나는 예능교회 담임목사로 견고하게 서 있다. 그리고 또 다음 세대에 대한 소망을 가지면서 말이다. 할렐루야!

"그러므로 하나님의 능하신 손 아래서 겸손하라 때가 되면 너희를 높이시리라"(벧전 5:6).

김성목 장로님 같은 분이 이 세상 어디에 또 있을까?

1964년 4월에 이곳 창훈대교회를 개척하여 2004년에 정년 은퇴했으니까 꼭 40년을 시무한 것이다. 지금은 시무 장로님이 28명이고 그 외 협동장로님, 은퇴장로님을 포함하여 40명 가까이 되지만 개척 때부터 장로님이 계셨던 것은 아니었고 후에 한 분 한 분 증원되어 오늘의 교회에 이른 것이다.

나는 시무 중 1992년 1월 3일에 위암 말기로 위 절제 수술을 받고 지금 15년의 세월이 흘러간 것이다.

내가 아는 한 이런 장로님이 이 세상 어디에 또 있을까를 생각해 보면서 이 글을 쓰고 있다.

개소리 하지 마시오

내가 위암 말기 진단을 받고 위 절제 수술하고 원자력 병원에 입원해 있을 때 김성목 장로님은 병원 문간을 지키면서 면회객 막는 일을 며칠씩이나 도맡아 하셨다. 혹시나 많은 사람을 면회함으로 내가 건강을 회복하는데 지장이 있을 것을 우려해서이다. 내가 병상에 누워 있으면서 비쳐진 그의 눈빛은 나를 향한 근심으로 가득 찼던 눈빛 바로 그것이었다.

퇴원해서 건강이 조금 회복되어 다시 대외활동을 위하여 예배당 정문을 나갈 때 언제부터 정문에 서 계셨는지는 알 수 없었으나 나를 보고 언제나 하시는 말씀이 "에이, 좀 조금만 다니세요." 하면서 싸돌아다니지 말라는 걱정스런 눈빛과 말투로 나의 외출을 언제나 만류하셨다.

수술 후에 개고기가 좋다는 소리를 어디에서 들으셨는지 7주 동안 매주 토요일이 되면 개를 잡아오셨다. 장로님은 일곱 번째 토요일에 "금년은 이것으로 끝입니다."고 하셨다. 내가 너무 고마워서 인사를 드려야 하겠기에 "장로님, 벌써 잡아온 개가 일곱 마리째야요. 개를 그렇게 많이 잡아 먹여서 나를 개목사로 만들 작정이오?" 했더니 내 말을 받아서 하는 말씀이 "어서 개고기 많이 잡수시고 개소리나 하지 마시오." 하여 둘이 한바탕 웃은 기억이 새롭다.

15년 간 언제나 병원을 동행

지금은 드문드문 병원을 다니지만 처음에는 자주 병원을

다녔는데, 15년 간을 한결같이 나와 병원 동행하는 일에 한 번도 결석한 일이 없으셨다. 집안 식구라도 그렇게는 못할 것 같은데 언제나 나를 챙기는 일에는 쉼이 없으시다.

언젠가는 내가 병원에 갈 날과 장로님이 제주도에 갈 날이 겹쳐서 동행을 못하게 되자 날짜를 조정하여 함께 병원에 다녀온 적도 있다.

김 장로님은 1963년에 거제도에서 이곳 수원의 연무동 보훈원에 오셨고 나는 1964년에 개척교회를 하려고 와서 수원에서 만난 것이다. 처음에 심방 갔더니 담배만 뻐끔뻐끔 피우고 있는 모습을 볼 수 있었다.

처음에는 교회도 잘 안 나왔지만 들리는 소리로는 거제도의 다른 식구들은 신앙생활을 잘 하고 있었다고 했다. 교회에 처음 나올 때 딸을 해산했는데 그 딸애가 무슨 병으로 죽었는지는 지금도 알 수 없지만, 어떻든 딸애가 죽었을 때도 눈물 한 방울을 안 흘리고 앉아 계셨던 어떻게 보면 무정한 상이군인이기도 했다.

세례 요한의 눈빛

김 장로님은 6·25 전쟁 중에 포탄 파편에 맞아서 한 눈이 실명한 것이다. 나는 이곳에 와서 개척하는 중에 세 번의 교회를 건축하였는데 첫 번째 교회는 1964년 개척 첫

해에 지었고, 두 번째 교회는 1978년에 건축하였으며, 세 번째 교회는 1998년에 헌당했는데 아마도 두 번째 교회 건축 시에 있었던 일인 것 같다.

첫 번째 헌금이 목표액에 미달하였을 뿐만 아니라 어처구니없이 조금 나왔기에 이렇게 해서는 아예 시작을 안 하는 것이 낫지 공연히 시작해 보아야 소용이 없을 것 같고, 화가 나기도 하여 그때 당회원과 건축위원들을 한자리에 모아 놓고 "이런 식으로 헌금해서는 아무것도 안 될 것 같으니 다 때려 치고 맙시다." 라고 소리를 쳤다. 모든 분들이 조용히 앉아 있었는데 그때 장로님이 한참 참다가 고개를 들더니 조용히 그러면서도 엄위한 목소리로 말씀하셨다.

"목사님! 저희 장로들이 다 부족하고 가난해서 그랬습니다. 그래도 앞으로 열심히 하면 좀 나아지겠지요. 그러나 목사님도 문제입니다. 언제 목사님이 교회에 한 번이나 계셨습니까? 아침에 나가면 저녁에 들어오고, 월요일에 나가면 토요일에 들어오시니, 성령이 교회에서 총회로 떠나셨어요."

그 때 그 장로님의 눈빛이 마치 세례 요한의 눈빛이 저렇지 않았겠는가를 생각해 보았다. 그때 나도 심장이 멎는 줄 알았다. 용케도 그때 고비를 넘기고는 그 이튿날 금산으로 부흥회를 갔었는데 그 교회에는 군대에서 같이 지낸

전우 장로 친구가 있었다. 그 친구에게 그 때의 일을 다 말했더니 그가 두 마디 말을 해주었다. 그 첫째 말은 "목사도 장로 말을 들어야지. 목사들도 정신 좀 차려야 된다."였고, 두 번째는 "그 장로가 바른말을 한 것 같은데 마지막에 성령이 떠났다는 것은 말도 안 되고, 목사님과 동행하겠지."라는 것이었다. 나는 그때 그 군인 친구의 두 번째 말이 너무 반가웠었다.

　교회에 돌아와서 다음 주일 낮 예배가 끝난 다음 장로님을 내 사무실로 오시라고 해서 그 동안의 나의 괴로운 심정을 토로했다. 지난주에 있었던 내 과격했던 행동을 사과하고 내 친구의 말을 전하면서 "장로님, 성령은 떠난 것이 아니고 동행하신대요."라고 말했더니 그 장로님이 눈시울을 적시면서 "목사님! 나도 목사님께 그런 말을 해 놓고는 너무 가슴이 아파서 잠도 못 잤고 밥도 잘 못 먹었습니다."라고 했다. 그때 서로 부둥켜안고 화해하고는 두 번째 성전을 완공했는데 장로님이 그렇게 밥도 못 먹고 잠도 못 잘 줄 알았더라면 한주만 더 있다 말할 걸 하고는 혼자 웃어 보았다.

모든 일에 최선을 다하시는 장로님

　장로님은 참으로 교회를 사심 없이 사랑하신 분이다. 그는 기도할 때마다 우리 교회가 말씀충만 은혜충만한 교회로서 생수의 강이 흐르는 교회가 되게 해 달라고 항상 기도하셨다. 공석에서나 사석에서나 그의 화두는 교회 부흥에 대한 것이었다. 그는 언제나 교회 중심의 삶을 살고 계시다.

장로님은 평상시에도 그렇지만 건축할 때마다 정성을 다해 헌금하는 열심은 누구하고도 비교할 수 없을 정도로 모범적이었다. 물질의 주인은 하나님이시고 사람은 그 관리자란 장로님의 물질관에서 장로님의 깊은 신앙과 고매한 인격을 엿볼 수 있다.

또한 섬김과 사랑에 앞장섰던 분이시다. 교회란 세상살이에 지치고 피곤한 인생들에게 안식처가 되고 영육간에 병든 자가 치유받는 영적 병원이 되어야 한다며 중보기도로, 심방으로, 물질로 성도들을 섬기고 사랑한 덕 있는 장로님이시다. 언젠가 나의 큰아들 한성근 장로에게서 "김성목 장로님은 아버지 건강을 걱정하시는 것으로 재미를 붙여 사시는 분 같아요." 하는 얘기를 들었다. 정말 그렇다. 장로님은 나보다 연세가 아홉 살이 많으신데 언제나 자신보다도 목사를 먼저 생각하고 염려하신다.

내가 정년이 되어 은퇴할 때 내 방에 오셔서 봉투 하나를 건네는 것이었다. 연금으로 넉넉지 않게 생활하는 처지

이신데 수백만 원의 격려금을 주시고 나갔다. 나는 그의 뒷모습을 보면서 저런 훌륭한 장로님과 함께 목회해 온 것을 감사하면서 행복한 마음으로 장로님의 여생이 건강하시기를 기도했다.

회개의 눈물로 교회를 부흥시킨 송요달 장로님

　송요달 장로님은 내가 24살 때 첫 목회지에서 처음 만난 분이며, 충남 청양군 화성면 화성중앙교회의 장로님이시다.
　내가 아내와 젖먹이 어린 딸을 데리고 처음 목회한 때는 한겨울이었다. 그곳은 교회와 사택이 함께 붙어 있었고, 난방 수단은 아궁이에 나무로 불을 때는 것이었다. 벌판에 세워진 교회는 눈보라가 칠 때마다 추위에 떨어야 했는데 이상하게 새벽 4시경만 되면 방바닥이 뜨끈뜨끈해오는 것이 아닌가! 하루 이틀도 아니고 겨우내 계속되는 것이었다. 알고 보니 송 장로님이 "우리 전도사님, 사모님 추워하신다."고 눈이 무릎까지 빠지는데 소나무 장작을 지게로 지고와 불을 때어 따뜻하게 해 주셨던 것이다.
　화성중앙교회는 벽돌을 사면으로 쌓아 지은 교회로 현관도 없고 십자가도 없었다. 나는 장로님에게 십자가가 없어서 교회 표시도 없다고 하였더니 "전도사님, 우리 산에 왜 소나무가 있는데 큰 왜 소나무를 베어 송판으로 십자가를 만들어 세우지요."라고 제안하셨다.

드디어 십자가를 만들어 세우는 날이 왔다. 일곱 개의 높은 나무 위에 새빨간 십자가가 세워지는 날, 교회로서는 큰 행사가 아닐 수 없었고, 전교인 20여 명이 모여 그 십자가 달린 나무를 힘을 합하여 교회 입구에 높이 세웠다. 그리고 반듯하게 세워졌는지 보려고 모두가 뒤로 물러서려는데, 회리바람이 휙 불면서 그 큰 십자가가 달린 나무가 교인들을 향해 넘어가고 있는 것이 아닌가! "빨리 도망가세요! 빨리 빨리!" 다행히 교인들은 무사히 도망쳤다. 그런데 꽝 하고 땅에 넘어진 나무가 십자가만 반으로 쪼개져 둘이 되었다. 할 수 없이 십자가 뒤에 합판을 대고 못을 박아 세우기로 했다.

송 장로님은 큰 못으로 십자가에 못을 박기 시작하였다. 딱, 딱, 딱, 그런데 이상한 일이 일어났다. 못을 박는 소리가 멈춘 것이다. 그리고 장로님 눈에서 눈물이 계속 흘러내리는 것이 보였다. 우리는 장로님의 눈에 티가 들어간 줄 알았다. 그러나 장로님은 통곡을 하면서 우는 것이 아닌가. 사실 송 장로님은 목회자를 괴롭히기로 소문난 분이었고, 송 장로님 때문에 가지 말라고 만류했었다. 그런 송 장로님이 못을 박다 말고 벌떡 일어나 소리를 질렀다.

"주님, 내가 주님의 심장에 대못을 박은 죄인입니다. 주님, 나를 용서해 주세요. 가룟 유다는 손발에 못을 박았으나 나는 주님 심장에 대못을 박았습니다. 내가 많은 목사님들을 괴롭혔고, 교회도 내 맘대로 휘둘렀습니다. 성도 여러분 나를 용서해 주세요. 다시는 그렇게 하지 않겠습니다. 우리가 예수님께 대못을 박았고, 우리가 교회에서 잘못된 신앙생활을 하였습니다. 주님 우리를 용서해 주세요."

누가 시킨 것도 아닌데 온 교인에게 회개가 일어났고 동네 사람들이 교회에 무슨 통곡소리냐 하며 몰려오기까지 하였다. 화성중앙교회는 두 달 만에 20명에서 50명으로 부흥하였고 송 장로님은 2005년 12월에 하나님의 품에 안기셨다.

"자기의 죄를 숨기는 자는 형통치 못하나 죄를 자복하고 버리는 자는 불쌍히 여김을 받으리라" (잠 28:13).

'누가 참 신인가'의 갈멜산 대결로 전도하신 김진교 장로님

김진교 장로님은 익산군 어량교회를 섬기고 있다. 김 장로님은 언제나 주일 아침에 교회에 오셔서 수백 평이 넘는 교회 마당을 쓰실 정도로 성실하며 신앙심이 좋은 분이다.

하지만 이런 김 장로님에게 고민거리가 있었다. 장로님 부친의 추도예배 날이 얼마 남지 않았는데, '예수 믿는 사람들은 돌아가신 부모님께 제사도 드리지 않는 불효자 중의 불효자'라고 생각하며 욕할 정도로 기독교인에 대한 인식이 부정적이었던 마을 사람들의 시각이었다. 그래서 김 장로님은 '아버지 추도예배에 모인 마을 사람들에게 교인들이 추도예배를 드리고 부모님 살아계실 때 효도함으로 산제사 드린다는 것'을 알려달라고 나에게 부탁했다.

장로님 부친의 추도예배 날이 다가와 장로님 댁에 찾아갔다. 그 추도예배에 참석한 마을 사람들은 대략 60~70여 명이었고, 대부분 추도예배에 처음 참석하는 사람들이었다. 복음을 전하는 설레임과, 추도예배에 대한 강한 부정적 시각으로 인해 그 자리는 영적으로 천군천사가 동원되었고 동시에 사단들도 모두 동원된 것같이 느껴졌다.

부모님께 제사를 드리지 않는다는 이유로 추도예배를 부정적으로 생각하는 사람들이었기에, 우리가 경배해야 할 대상은 돌아가신 부모님이 아니라 부모님을 이 땅에 보내신 하나님을 경배해야 하며, 우리를 낳아 주신 부모님께는 살아계실 때에 충분히 효도해야 하고 길러 주신 은혜에 감사해야 한다고 외쳤다.

또한 비 기독교인들이 제사를 드린 후에 조상께 바친 음식이라면 조상의 무덤을 파서라도 조상께 드려야 옳은 것이지 도로 거두어 제사를 드린 사람끼리 먹느냐며 강하게 나무랐다. 마을 사람들은 "맞아, 맞는 것 같아. 우리가 하나만 알고 둘은 몰랐네." 라며 기독교인들처럼 살아서 효도해야지 죽은 다음에 무슨 소용이 있나 하였다.

김 장로님의 갈멜산 같은 대결로 그 동네가 달라지기 시작하였고, 많은 사람이 교회에 대한 새로운 생각을 하였기 때문에 전도도 되었다.

장로님은 그 동네 사람들을 전도하기 위하여 '누가 참 신인가' 동네 모든 사람을 한자리에 모이게 한 것이다. 지금도 불신자들을 피하려고만 하지 말고 강력한 대결과 전도로 바꾼다면 복음전파는 한층 더 가속화가 되리라고 생각한다.

"내가 복음을 전할지라도 자랑할 것이 없음은 내가 부득불 할 일임이라 만일 복음을 전하지 아니하면 내게 화가 있을 것임이로라"(고전 9:16).

개척교회의 어려움을 도우신
최도우 장로님

　내가 울산중앙교회를 개척할 당시의 일이다. 하나님의 은혜 가운데 기적으로 성전 지을 대지를 사고 성전건축까지 아름답게 마무리하였다. 그러나 수도를 끌어오기는 수도관에서 너무 멀어 불가능하고 지하수 개발밖에는 방법이 없었다. 그동안 물이 없어 동네에서 수돗물로는 먹는 물만 하고 빨래는 무룡산 기슭 시냇물로 해결하였다.

　일 년 이상을 교회가 물 없이 지낸다는 것은 고통이 아닐 수 없었다. 마지못해 나는 경주감리교회 장로님들을 찾아가 몇 달만 돈을 꾸어 달라고 하였으나 거절당하고 맥이 풀려 경주에서 울산으로 가는 버스를 탔는데 최도우 장로(당시 권사)님을 만났다.

　최 장로님은 "목사님 반갑습니다. 그런데 목사님 왜 그렇게 힘이 없어 보이십니까? 무슨 걱정이라도 있습니까?" 물으셨다. 나는 사실을 말하였다. 그랬더니 장로님은 "목사님, 우리 집에 50만 원이 있습니다. 그러나 아내가 줄지 모르겠습니다."라고 하였다. 전에 목사님 한 분이 돈을 빌려 갔는데 몇 년이 지나도 소식이 없다는 것이다. 그러니 줄 것이라고 꼭 믿지는 말고 가보자고 하였다.

나는 장로님 댁을 향하여 기도하는 마음으로 발걸음을 옮겼다. 우리 말을 들은 장로님 부인은 "그냥 주는 것도 아니고 꾸어 주는 것인데 드려야지요." 하였다. 나는 꿈꾸는 것 같았고 천사를 만난 것같이 기뻤다. 방안을 살펴보니 큰 딸들만 왔다 갔다 하였다. 자녀가 어떻게 되느냐고 물었더니 딸만 여럿이 있고 아들은 없다고 하였다.

나는 장로님과 부인을 손잡고 앉으라고 하였다. 그리고 그들의 손 위에 내 손을 얹고 "하나님 이 가정에 아들 한 명만 주세요. 내년 이때쯤에 꼭 주세요. 하나님 꼭입니다." 간절히 기도하는데 장로님 부인은 계속 손을 입에 대고 웃기 시작하였다. 왜 웃느냐고 물어 보니 장로님은 의학상으로 그만 낳을 방법을 세웠다는 것이다.

나는 하나님께는 불가능이 없으므로 반드시 기도가 응답되어 좋은 소식이 올 것이라고 하였다. 그 후 1년이 되었다. 장로님한테서 전화가 왔다. "할렐루야! 목사님, 아들을 낳았어요. 하나님이 아들을 주셨어요. 하나님 감사합니다."

교회의 어려운 문제를 해결하게 될 때 교회의 기쁨은 네 교회 내 교회가 없는 것 같다. 지금도 수십 년이 지났건만 장로님의 고마움을 생각하며 "하나님, 그 장로님께 크신 복을 주세요." 기도하곤 한다.

"내가 환난 중에 여호와께 부르짖었더니 내게 응답하셨도다"(시 120:1).

영상선교사 김병삼 장로님

김병삼 장로님을 아는 사람들은 비디오선교회(현, 미디어선교회)를 연상할 정도로 영상선교에 열심 있는 분이다. 영상선교에 대한 말만 나오면 그는 할 말이 많다. 아이디어도 무궁무진하다. 영상선교 이야기를 할 때면 그의 눈은 빛이 난다. 그리고 그의 말 한마디 한마디에는 사람들을 잡아끄는 그 무엇이 있다. 확신과 열정이 그의 말에 묻어나 듣는 사람들에게 전달되는 것이다. 그래서 그를 아는 사람들은 "김병삼 장로의 순수한 열정에 나도 모르게 끌려들었다."고 말한다.

이건 사실이다. 나도 그 중 한 사람이다. 교파를 초월해서 한국 교회의 많은 지도자들이 김 장로님을 아끼고 사랑한다. 그를 밀어주고 도와준다. 그리고 언론계의 많은 실무자들도 영상선교를 향한 김 장로님의 순수한 열정을 인정하고 협조를 아끼지 않는다.

김 장로님은 어느 명문대학 컴퓨터공학과 대학원 과정을

마친 영상전문가로 1976년, 국내 최초로 영상관계의 민간 프로덕션을 설립한 사람이다. 그 일로 돈도 많이 벌었다. 그 돈으로 재테크를 잘 했으면 지금쯤 엄청난 부를 누리고 있을 것이다.

그러나 장로님은 부의 축적보다는 하나님께서 그에게 맡겨 주신 청지기 역할에 관심이 쏠려 있었다. 하나님께서 그에게 주신 영상 전문 기술과 재물을 가지고 하나님나라 확장을 위해 무엇을 할 수 있을까를 고민했다.

그러던 그에게 어느 날 인생의 방향과 목표를 확정하게 된 귀한 만남이 있었다. 한경직 목사님과의 만남이었다. 그때 김 장로님은 영락교회 집사였다. 한 목사님을 만나 뵙고 여러 가지 이야기를 나누던 중에 자신의 달란트와 여건으로 한국 교회에 기여할 수 있는 방안이 무엇인가를 상담하게 되었다. 한 목사님과 대화를 통해 김 장로님은 자신이 해야 할 일을 확정하게 되었다.

그리고 그 즉시 시작한 일이 비디오 선교회였다(1983년). 비디오 선교회의 영상선교는 그 당시 한국 사회에 신선한 충격이었다. 서울 고속버스터미널에 TV 30대, 고속버스 460대에 VTR을 설치하여 여행객들에게 영상으로 복음을 전하였고, 그 밖에도 군부대와 병원, 학교, 양로원, 교도소 등 사람이 모이는 곳마다 비디오 테이프 보내는 일을 시작하였다. 김 장로님은 그 일을 위해 자기 사업으로 벌어들이는 재물을 아낌없이 쏟아부었다.

그 후로 김 장로님은 재물을 위해 사업을 하는 것이 아니라 영상선교를 위해 사업하는 청지기의 삶을 살게 되었고, 지금도 그러한 삶을 살고 있다.

김 장로님은 74세의 젊은 청년이다. 그는 지금도 영상선교를 위해 이른 아침부터 뛰어다닌다. 1984년 한국 교회 100주년 기념선교대회와 88올림픽, 그리고 2002년 월드컵 축구대회 같은 큰 대회가 있을 때마다 김 장로님은 영상을 통해 복음 전하는 일을 담당해 왔다. 기회가 있을 때마다 그는 영상선교 분야를 자비량으로 담당해 온 것이다. 특별히 월드컵 때는 칠순기념으로 7천만 원짜리 영상홍보 차량을 구입하여 사람이 모인 곳에서 주요 경기를 중계하면서 막간에 복음을 전하기도 했다.

24년 전에 시작한 영상선교의 꿈은 한국 모든 교파의 유명한 교수와 목회자들의 강의로 구성된 비디오 성서통신대학(학장: 곽선희 목사)으로 발전하였다. 지금은 그 교재가 한국은 물론 모스크바대학 종교학과와 카자크대학 종교학과 그리고 김일성종합대학과 조선 그리스도교연맹에서 교재로 사용하고 있다.

그러나 시대가 바뀌어 이제는 디지털 시대가 되었다. 이에 따라 김 장로님은 비디오 성서통신대학을 기독교사이버대학(www.cci.or.kr)으로 시스템을 전환하여 인터넷을 통해 100만 명의 평신도를 훈련시키는 일에 혼신의 힘을 쏟고 계신다.

김 장로님은 지금도 삶의 방향과 목표를 제시해 주신 한경직 목사님을 잊지 못한다. 그래서 그는 한경직 목사님의 "기독교란 무엇인가?" 라는 전도 메시지를 한 목사님 살아생전에 동영상으로 녹화해 두었고, 요즘은 그것을 DVD로 만들어 군부대와 기독교 학교와 해외동포들에게 보내고 있다. 그리고 이것을 중국어, 러시아어, 영어, 일본어로 더빙하여 무료 인터넷사이트에 올려놓는 작업을 한다. 영락교회, 잠실교회, 소망교회 등 여러 교회에서 후원하고 있다. 한국을 위시하여 세계 어느 나라에서든지, 이 사이트(www.kcmm.or.kr)로 들어오면 한경직 목사님의 전도 메시지와 기독교 100주년 행사 때의 한 목사님 설교를 동영상으로 볼 수 있게 한 것이다. 그리고 모든 교회가 이것을 무료로 다운받아서 그 교회의 성도와 새신자를 위해 사용할 수 있도록 하였다.

김 장로님은 영상선교를 하나님이 맡겨 주신 청지기 사역으로 알고 사는 사람이다. 나도 평생을 목회하였지만 하나님께서 주신 달란트와 재물로 어떻게 해야 청지기의 삶을 살 수 있을까를 고민하면서 나를 찾아와 상담한 사람을 별로 만나보지 못하였다. 그런 사람이 좀 더 많았더라면 정말 신바람나는 목회를 할 수 있었을텐데 하는 아쉬움이 있다.

이런 면으로 볼 때 한경직 목사님은 정말 행복한 목회자이다. 김 장로님 같은 청지기 의식을 가진 사람과의 만남이 한 목사님의 심장을 기쁨으로 고동치게 하였을 것이다.

그리고 김 장로님도 행복한 사람이다. 그에게 꿈과 목표를 제시해 준 한경직 목사님을 만날 수 있었고, 그 만남을 통해 청지기의 삶을 실천에 옮길 수 있었으니 말이다. 진정 잘 사는 인생이 무엇인가를 알고 싶은 사람은 김병삼 장로님을 만나 보라고 권하고 싶다.

"각각 은사를 받은대로 하나님의 각양 은혜를 맡은 선한 청지기 같이 서로 봉사하라" (벧전 4:10).

적게 가져도 많이 베푸는 양동완 장로님

목사와 장로 관계는 협력 관계이다.

목사는 하나님의 말씀으로 교훈하며 성례를 거행하고, 교인을 축복하며 치리권을 행사한다. 장로는 목사가 그 직무수행을 잘할 수 있도록 협력을 잘해야 한다(교회 정치 제4장).

여기에서 협력한다는 말은 목사에 대한 뒷받침을 말한다. 나는 지금 44년의 목회를 마감하고 은퇴한 목사로 신당중앙교회에서 원로목사 예우를 받고 있으며 서울노회에서는 공로목사로 추대를 받았다.

예우를 받는다는 것은 은퇴 후 노후생활의 뒷받침을 받고 있다는 말이다. 그 뒷받침이 있기에 은퇴 후에도 목사로서의 매너를 지켜올 수 있었고 편안한 노후생활을 하는 것이다. 나는 44년의 목회생활 동안 많은 장로님들과 협력 관계로 목회를 해왔다. 많은 장로님 중에서 특별히 나의 목회생활에 생기를 넘치게 해 준 신당중앙교회 양동완 장로님을 잊을 수가 없다.

 양 장로님은 현재 17명의 시무장로 중 연령이 가장 어린 막내 장로이다(52년생). 그러나 그는 막내 장로이면서도 임직 서열이 빠른 장로님이다. 막내이면서도 장자 이상으로 헌신, 봉사, 협력을 잘하는 장로님이요, 가진 것은 적지만 언제나 큰 몫으로 목회 뒷받침을 잘하는 장로님이시다.

 약 20년 전 담임목사 전용 승용차가 '맵시나'란 작은 차였다. 담임목사로 교우들의 가정 심방을 열심히 할 때였다. 하루에 열 가정 이상 심방하는 날이 많았다. 그런데 승용차 성능이 좋지 못해 곤란할 때가 많았다. 이 때 양동완 장로님은 개인 재산을 헐어 'L프린스 1.9' 고급형 승용차를 구입하여 내게 맡겨 주었다. 양 장로님 자신은 승용차도 없었고 경제적으로도 여유 있는 생활이 아니었으며, 사업에도 어려움이 많았는데도 불구하고 이렇게 큰 대접을 받고 보니 너무도 감격스러워 심방하는 횟수를 두 배로 늘렸는데 피곤도 잊고 기쁨이 넘쳤다.

 요사이 나는 원로목사 예우로 교회에서 물려준 '포텐샤' 승용차를 타고 농촌 미자립교회를 방문하여 말씀 증거할 때가 많다. 먼 거리에 있는 농촌교회를 찾을 때마다 이 차를 주신 것에 감사하면서 달려갔다. 그러나 이 승용차도 나이를 먹어 은퇴해야 할 형편이 되었다. 새 차를 구입하자니 경제적 사정이 아직은 공백 상태였다.

이 때 양 장로님은 차가 너무 노후 되면 불편하다면서 또다시 고급형 승용차 '오피러스'를 사서 기증해 주었다.

그는 큰 일을 많이 하면서도 말이 없다. 큰 재산은 없지만 큰 몫을 드려 봉사한다. 이런 장로님을 만났기에 나는 44년의 목회생활을 잘 마무리하였고, 지금도 노후생활을 편안하고, 보람 있게 지나고 있음을 감사드린다.

양동완 장로님!! 그 이름, 불러 보고 불러 보아도 지치지 않는 아름다운 이름이다.

"주라 그리하면 너희에게 줄 것이니 곧 후히 되어 누르고 흔들어 넘치도록 하여 너희에게 안겨 주리라 너희의 헤아리는 그 헤아림으로 너희도 헤아림을 도로 받을 것이니라"(눅 6:38).

교회 위한 주관적 정의를 갖고 계신 김봉충 장로님

'정의'에는 보편타당성이 있어야 한다. 주관적인 정의는 종교적 교만이 되기 쉽다. 그러나 주관적 정의감도 교회를 잘 섬기고자 하는 목적의식이 분명할 때는 교회 부흥과 발전에 큰 도움이 될 수 있다고 본다.

지금으로부터 30여 년 전 나는 서울노회 승동교회에서 약 5년 간 목회를 해왔다. 그곳은 교회 건물을 아담하게 신축하여 그 규모는 크지 않았지만 시무장로 다섯 명과 부목사 한 명, 여 전도사 한 명이 나의 목회 동반자요, 큰 협력자가 되어 주었다. 성도는 주일 낮 예배 인원이 약 250명 정도였다. 그러나 감사하게도 내가 부임한 2년 후에 두 배로 증가하여 약 500명이 모이는 교회가 되었다. 이렇게 부흥하고 발전하게 된 동기에는 두 가지 요인이 있었다고 본다.

첫째는 담임목사인 나를 중심으로 부교역자와 장로님들

이 열심히 심방을 한 것이다. 1주일에 4일 간을 계속하였고 토요일에는 10시간 이상 설교 준비에 정성을 다하였다.

둘째로는 시무장로 중 선임 장로인 김봉충 장로님의 목회 뒷받침이 큰 몫을 하였다. 김 장로님은 일본에서 신학을 연수하였고, 북 장로교 선교재단에서 크게 봉사한 분이다. 김봉충 장로님은 고집이 센 장로로 널리 알려진 분이다. 무엇이나 자기 마음에 안 드는 일은 용납하지 않는다. 주관적 정의감이 아주 강한 분이다.

그러나 나는 그 고집과 정의감이 종교적 교만이라고 생각해 본 적이 없다. 그 교만이 교회를 위한 것이기 때문이다. 그 분은 누구보다도 교회를 사랑하고 소중히 가꾸어 온 분이다. 교회의 기물 하나하나에 이르기까지 그 분의 정성이 담겨 있다. 목사 사택도 100% 개인 재산으로 마련해 주신 것은 대단한 일이다. 그 애착심에 대해 교인들은 고집이 센 장로란 대명사를 붙여온 것이다.

어느 날 난로 소동이 벌어졌다. 그때만 해도 난방 시설이 없는 때였다. 추운 겨울을 대비하여 완전 연소형 석유 난로를 예배실에 여러 개 설치하였다. 완전 연소라고는 하지만 연통이 없으니 석유 가스가 밖으로 빠져 나가지 못해 눈이 따가울 정도로 에너지 공해가 심하였다.

이 때 다른 장로들은 교회 벽에 구멍을 뚫어 연통을 바

깥 쪽으로 달아내자는 것이다. 그러나 김 장로님은 거룩한 하나님 집에 이곳저곳 구멍을 뚫어 상처투성이 집으로 만들 수는 없다고 말했다. 하나님의 거룩한 집에 구멍을 내서는 안 된다는 말에 나도 더 이상 그 문제를 거론할 수가 없었다. 어느 쪽이 좋은 것인지 아직도 잘 모르겠다. 그러나 교회를 아끼고 사랑하는 그 마음만은 너무도 아름다운 봉사자의 자세가 아닐까 싶다.

"내가 이제 너희를 위하여 받는 괴로움을 기뻐하고 그리스도의 남은 고난을 그의 몸된 교회를 위하여 내 육체에 채우노라"(골 1:24).

아름다운 훈계자, 수주섭 장로님

선생님께서 학생을 훈계할 때 학생은 무릎을 꿇고 앉아 겸손한 자세로 머리를 숙여 그 훈계를 잘 받아들인다. 아주 훌륭한 모범 학생의 모습이다. 그러나 미국 학생의 경우는 전혀 다르다. 선생님이 훈계를 하시면 고개를 들어 선생님 얼굴을 똑바로 주시해야 한다. 그래야 선생님의 훈계를 잘 받아들인다는 표현이다.

나는 목회 초년 시절에 한 장로님께 목회에 관한 훈계를 받은 적이 있다. 그때 난 고개를 숙이지 않았다. 훈계하시는 그 장로님의 얼굴을 똑바로 쳐다보면서 그 훈계의 말씀을 잘 받아들였다. 똑바로 쳐다보았기에 훈계하시는 분의 얼굴빛을 읽어 볼 수가 있었다.

그 얼굴빛은 너무도 진지하고 간절히 권면하는 사랑이 담긴 모습이었다. 만일 내가 고개를 숙이고 있었더라면 그 아름다운 훈계를 외면하고 지났을 것 같다. 훈계를 주신 그 장로님은 경서노회 김천 황금동교회 우주섭 장로님이며 나의 장인어른 되시는 분이다. 우주섭 장로님은 구세군 사관학교 출신으로 그때 당시 김천시 중심가에 십자당 약방을 크게 운영하면서 개인 재산으로 경서노회 산하 양천교회, 울실교회, 대신교회를 손수 개척하시고, 교회가 자립할 때까지 경상비 일체를 부담하셨다. 지금은 그 교회들이 자립교회가 되었다.

우주섭 장로님께서 내게 훈계하신 말씀은 아주 간단한 내용으로 세 가지 철칙 같은 훈계였다.

첫째, 목사는 평생 물질에 욕심을 가지지 말 것.

둘째, 목사 주변에 많은 여자들이 따를 것이니 이성적 미혹에 빠지지 말 것.

셋째, 목사 직분은 명예직이 아니므로 명예욕을 삼가 조심할 것.

이 훈계가 나의 목회생활 속에 살아 있었기에 재물 욕심 없이 목회생활을 할 수가 있었다. 재정 문제는 장로님들에게 맡겼고, 집안 경제는 아내가 맡아 주어서 평생 평안하게 목회에 전념할 수가 있었다.

이성 문제로 인해 목회에 잡음을 초래한 일은 한 번도 없었다. 승용차 조수석에 젊은 여성을 태우지 말아야 하고, 심방을 해도 여성이 혼자 있을 때는 심방 동반자가 있어야 한다는 것이 하나의 목회철학이 되었다. 대외 활동이나 국제적 목회 활동을 많이 하다 보니 명예욕에 빠진 때는 여러 차례 있었다. 그러나 부총회장 경선에서 낙선하였을 때 장인 장로님의 훈계를 생각하면서 낙선한 축복이 얼마나 큰 것인가 깨닫게 되었다.

목사는 계속 훈계자의 소리에 귀를 기울여야 한다. 때로는 어린아이를 통해서도 아름다운 교훈을 얻을 수가 있다.

아름다운 훈계자, 그 때 그 장로님을 모시고 살았던 것을 감사드린다.

"훈계를 들어서 지혜를 얻으라 그것을 버리지 말라" (잠 8:33).

곤경에 처할 때마다 큰 도움을 주신 나영기 장로님

1965년 1월 30일, 나는 육군 군목생활 7년 반을 마감하고 대구 봉산동성결교회 부목사로 부임했다. 70세를 수년 앞두고 나를 맞아 주신 당회장 이헌영 목사님께서 온갖 배려로 나에게 B.A.MA.Ph-D 공부를 하도록 허락해 주셨다. 나는 당회장 목사님과 당회에 감사하며 일하던 중 뜻밖의 일을 저질렀다.

차임벨 설치

그때 한창 유행하던 차임벨 설치를 발상하여 이영자 집사에게 단독으로 설치하길 제의했더니 쾌히 승낙했다. 그래서 그것을 설치하는 일을 추진하며 당회에 내놓았는데 잘했다는 칭찬 대신에 발칵 뒤집혀 공격이 내게 집중되었다. "아니, 그런 일을 당회 허락도 없이 부목사가 마음대로 저지를 수 있소?" 내가 미숙하게 교회를 운영한 탓에 따돌

림을 당하고 몸둘 바를 몰라 할 때 나영기 장로님께서 나서서 "이왕 좋은 뜻으로 교회를 위해서 저지른 일인데 절차와 순서가 좀 미숙했으니 후결로 해서 설치합시다." 라고 해서 겨우 곤경에서 벗어났다.

피아노 구입

대구 봉산동성결교회는 영남의 모교회임에도 피아노가 없이 수십 년 간 낡은 오르간으로 반주를 하고 있었다. 그 교회의 유력한 선임 장로 아들이 오르간 반주를 했기 때문이었는데 구실은 "교회 예배 반주는 피아노보다 오르간이 더 은혜롭다." 는 것이었다.

내가 부목사로 부임한 지 일 년 쯤 지났을 때 우리 교회 출신인 도영춘 장로님이 '대성원' 이란 고아원을 운영하고 있었는데 일본에서 야마하 피아노를 두 대나 구입해왔다. 자선사업체라서 세금을 면제받고 싸게 들여왔는데 그 중 한 대를 우리 교회에 양도할 터이니 가져가라고 제의해왔다. 나는 당회에 내놓고 구입을 강력히 주장했으나 역시 또 반대에 부딪혔다. "그런 큰 돈이 들어가는 일은 사무총회 때 예산 편성에서 채택된 연후에 해야 할 일을 그렇게 돌발적으로 처리하는 것은 천부당만부당한 일이오!" 라고 하는 것이다. 나는 또 한 번 벽에 부딪혔다. 그러나 나는 물러서지 않았다. "이 교회의 역사나 교단 내 비중으로 보아 피아노가 없는 교회란 부끄러운 일입니다. 나는 아무것도 가진 것이 없지만 피아노 값의 십분의 일은 내가 책임지겠소." 라고 하니까 좀 분위기가 숙연해지고 공감대가 형성되었다. 결국 내 제의가 채택되어서 예배 시간에 피아노와 오르간을 합주하니까 은혜롭고 좋았다. 그 난처한 분위기를 자연스럽고 은혜롭게 화해시킨 주역이 바로 나영기 장로님이었다. 그 분은 내 목회에 있어서 곤경에 처할 때마다 피스메이커(Peace Maker) 역할을 감당해 주었다.

교회당 신축

내가 담임목사가 되면서 가장 시급한 과제는 교회당을 더 크게 신축하는 문제라고 확신하며 계획하고 기도했다. 일제 시대 때 지은 교회당이라서 대지도, 건물도 협소했고 천장이 낮고 지붕은 함석으로 덮혀 있으며 그 위에 골탄칠을 해서 여름이면 무더운 한증막이 되어 땀으로 목욕을 하다시피 했다.

그래서 교회당을 새로 건축해야 할 당위성을 역설했다. 그러나 당회에 제안해도, 직원회의에 내놓아도 다 시큰둥하고 냉담한 반응이었다.

나는 낙심하거나 좌절하지 않고 계속해서 기도하고 방

법을 찾았다. 마침 건축 설계하는 장로를 만나서 의논했더니 매우 긍정적이고 좋은 방법이 나왔다. 교회 건축을 위한 차트를 만들고 직원회의에 와서 브리핑(요약설명)을 하게 했다. 교회 건축 전문가인 그 장로는 건축 가능성과 별 문제 없다는 내용, 그리고 이 교회보다 훨씬 작은 교회가 믿음으로 교회 신축을 한 결과 지금은 크게 성장했는데, 이 교회도 새로 신축하기만 하면 큰 부흥이 가능하리라고 타당한 설명을 했다.

그랬더니 직원들의 마음이 차차 변하기 시작했다. 결국 교회는 담임목사가 기도하고 믿음으로 밀어붙이면 성도들이 따라오게 마련이다. 그런데 이 교회 선임 장로이며 국립대학교 영문학 교수요, 사설 시사영어 강습소를 운영하여 명망과 재력 그리고 존경을 받는 장로가 절대로 응하지 않았다. 교회 신축을 반대하는 근거가 즉흥적, 감정적인 것이 아니라 당당한 이론적 근거를 내세우면서 결정적 반대를 고집했는데 그 주장은 세 가지였다.

첫째는 이 교회당도 다 차지 않는데 왜 크게 신축하려는가, 또 만일 교회가 부흥해서 가득가득 차면 1부, 2부, 3부로 나누어서 예배를 드리면 되지 않는가였다. 둘째는, 교회 성도들의 경제적 형편이 대단히 어려운데 막대한 교회 건축비를 내게 하면 더욱 곤경에서 헤매야 하지 않겠는가. 셋째로 교회는 성도들의 신앙이 독실해서 은혜충만, 감사충만, 성령충만하면 그것이 초대교회의 이상적인 모델인데 그 알맹이는 돌아보지 않고 껍데기 교회당만 크고 화려하면 무엇 하느냐고 주장했다.

제정 러시아의 정교회가 교회당은 웅장하고 화려했으나 그 교회 안에 신자들의 믿음은 형식적, 의례적인 것에서 벗어나지 못해 생명력이 없었고, 1917년 10월 볼스비키 공산혁명을 성공시킨 원인이 되었던 사실을 감안하면 교회당 건축보다 신자들의 신앙 향상에 더 힘을 쓰라는 당당한 충고를 곁들인 반대 이유였다.

나는 기도하는 가운데 교회를 새로 짓기로 굳게 결심하고 반대하는 장로를 설득하기 위해서 신사협정을 했다. "내가 기도하는 가운데 하나님 허락을 받았으니 장로님께서는 내가 하는 일에 지켜봐 주세요. 만일 교회 건축이 잘못되면 내가 모든 책임을 지고 중대한 결단을 내리겠소!"라고 했더니 허락했다.

그리고 교회 건축에 찬성하는 장로를 내세웠으니 그 분이 바로 나영기 장로님이었다.

교회건축위원회를 조직하고 위원장에 임명된 나 장로님께서 제일 먼저 자기 집을 고스란히 건축기금으로 헌납했다. 그리고 나니 성도들이 정성어린 헌금을 작정하였고

구 교회당을 헐고 기공예배를 드렸다. 임시 예배 처소는 대구 YMCA 강당이었다.

그런데 놀라운 것은 그렇게 냉담하게 반대 입장에 섰던 교인 중에도 건축의 주체 멤버로 서서히 바뀌면서 적극적으로 교회 건축에 동참했다. 대원군이 각 도 사람의 기질을 촌평했는데 경상도 사람은 "돌밭을 가는 소(石田耕牛)"라 했음이 아주 잘 맞고 잘 표현했다고 절실히 느꼈다.

이렇게 하나님의 놀라운 은혜와 복으로 불가능하게 여겨졌던 일이 가능케 된 뒤에도 자기 집을 팔아 헌납한 나영기 장로님과 그 부인 안 권사님의 믿음과 충성심이 하나님의 복으로 나타나서 기적을 이루었다고 본다. 이렇게 천신만고 끝에 교회를 다 짓고 나니까 내 생애의 큰 전환적 기회가 찾아왔다.

마침 서울 장충단성결교회에서 교회당을 건축하고 교회를 성장시킬 목회자를 찾고 있는데 내가 하마평(下馬評)에 올라 결국 두 장로께서 몰래 찾아왔다.

그리하여 그 교회 30년 역사상 최초의 위임목사가 되고, 교단총회장과 교단 신학교인 서울신학대학교 총장으로 세움받는 놀라운 복을 받게 된 배후에는 대구 봉산동 성결교회를 건축하는 가운데 어려운 난관을 돌파한 그 신앙의 위력이 직접적 동기가 되었으며, 그런 교회 건축을 맡아서 온갖 희생을 다 감수하신 나영기 장로님의 그 희생과 충성이 있었음을 고백한다.

"마음에 원하는 이스라엘 자손의 남녀마다 여호와께서 모세의 손을 빙자하여 명하신 모든 것을 만들기 위하여 물품을 가져다가 여호와께 즐거이 드림이 이러하였더라" (출 35:29).

교회 섬기는 일에 본을 보이신 황종원 장로님

아버지 황종원 장로님은 1922년 2월1일 평북 신의주시에서 출생하여 유초교회에서 유아세례를 받고 만주 신경공업대학 토목과 3년 재학 중에 해방을 맞아 만주에서 귀국하였다.

월남하여 1953년부터 서울 행당동에 위치한 무학교회 집사로 봉사해오시다가 1959년 6월에 장로 장립을 받았다. 장로님은 약 19년을 시무하시다가 1977년 1월29일 하나님의 부름을 받았다.

당시 20대 초반으로 학생이었던 내가 지금은 목사가 되어 20년 넘게 이민목회를 하면서 황종원 장로님께서 교회를 섬겼던 모습을 적으려니까 새삼스레 그리움이 밀려오고 눈시울이 뜨거워진다. 장로님에 대하여 쓰고 싶은 일화는 많지만 두 가지만 적어 보려고 한다.

무학교회 구 본당을 건축할 때

당시 무학교회는 문창권 담임목사님을 모시고 날로 성장해가고 있었다. 교회당을 신축하기로 하고 건축위원회를 조직하여 1968년에 건축헌금을 하였다. 기록(무학교회 40년사)에 의하면 작정된 금액이 1500여 만 원으로 연건평 450여 평의, 총 공사비 4000여 만 원의 공사를 하기에는 태부족이었다고 한다.

그래서 1970년에 2차 헌금을 했는데, 어머니 이명숙 권사님 말씀에 의하면 장로님이 헌금을 앞에 놓고 며칠 동안 밤잠을 제대로 주무시지 못하며 골방에서 기도하셨는데, 어느 날 가족회의를 한다고 식구들을 불러모았다. 그리고 말씀하셨다. "1차 헌금 때 300만 원을 했는데, 아무래도 내가 총대를 메지 않고서는 공사를 진행할 수가 없을 것 같아서 2차에 700만 원을 약정해서 1000만원을 채웠어." 그 순간 어머니는 말할 것도 없고 어린 우리 4남매도 깜짝 놀랐다. 듣기로는 당시 사업도 원활하지 않다고 하는데……. 방 안에 무거운 침묵만이 흐르고 있을 때 장로님은 다시 입을 열어 말씀하셨다.

"나를 건축위원회 회계로 세운 것은 하나님의 뜻이 아니겠느냐? 공사는 금년에 마치게 되는데, 여의치 못하면 살고 있는 이 집이라도 팔아서 헌금해야지."

순간 어머니 눈에서 눈물이 흘렀다. 모두가 침통한 분위기였다. 월남해서 살던 집을 수년 전에 교회에 헌납하고 모처럼 넓은 집으로 이사 왔는데 만약 이 집을 팔면 또 비좁은 집으로 이사 가야 한단 말인가! 장로님은 단호한 어조로 말씀하셨다.

"이사 안 가게 해달라고 합심해서 기도하자!"

"먼저 그 나라와 그 의를 구하라 그리하면 이 모든 것을 더해 주신다." 고 약속하신 신실하신 하나님은 장로님과 권사님 그리고 어린 자녀들의 기도까지도 다 들으시고 응답하셨다.

당시 장로님은 무역업을 하고 계셨는데, 이 일 후에 사업이 날로날로 번창해서 약정한 헌금뿐 아니라 새 예배당에 좋은 기물까지도 또 헌납할 수 있었다. 할렐루야!

젊은이를 사랑하고 격려하신 장로님!

"기회 되는 대로 여행을 많이 하면서 여러 가지 경험을 쌓으세요. 넓은 세상을 보면서 더 큰 세상을 품으세요."

무학교회를 섬기신 고 황종원 장로님이 젊은이들에게 하신 말씀이다. 장로님은 젊은이들을 무척 사랑했다. 사랑이 큰 만큼 그들에게 거는 기대도 컸다. 그래서 1년에 몇 번씩 젊은이들을 집으로 초대했다. 이번에는 주일학교 교사들, 다음에는 찬양대원들…… 이렇게 수십 명씩 초대해서 불고기 파티를 벌였다. 요즈음은 경제 형편도 나아지고 좋은 음식점도 많지만 30여 년 전 당시 불고기 파티는 젊은이들에게 있어 포식하는 자리 같았다. 식사 전에 인사말씀이 지금도 생생하다.

"여러분들은 우리 교회 보배들입니다. 하나님이 가장 기뻐하시는 봉사는 시간 내서 몸으로 하는 봉사인데 여러분이야말로 가장 값진 봉사를 하기 때문입니다. 나는 이것을 알면서도 비즈니스 때문에 교회를 비울 때가 많아 먼저 하나님께 죄송하고 여러분들에게도 미안하게 생각합니다. 오늘 고기 좀 많이 들고 힘내서 더 열심히 일해 달라고 초대했습니다……."

식사 후에도 말씀이 이어지는데 그때그때마다 국제적인 뉴스와 관심사를 미국이나 일본 혹은 유럽에서 보고 들은 대로 말씀해 주실 때도 있고, 동서 문물을 비교하면서 역사의식을 깨우쳐 주실 때도 많았다. 한번은 이런 말씀을 하셨다.

"나는 미국에 갈 때마다 역사도 길지 않은데 대체 어떻게 이런 부강한 나라가 되었을까? 하고 생각해 봅니다. 물론 엄청나게 넓은 땅과 풍부한 자원 덕택이라고 생각할 수도 있지만 이런 외형적인 여건보다도 더 근본적인 요인은 그들이 믿는 기독교 신앙의 바탕에 세워진 나라이기 때문에 하나님께서 복 주신 것을 느낍니다.

우리나라가 잘살기 위해서는 과학기술의 개발이나 산업 발전을 위한 프로그램도 중요하지만, 하나님을 경외하는 사람이 이 모든 일의 주역이 되어야 합니다. 여러분들이 바로 이 나라에서 그러한 주역이 되어 주세요. 앞으로 우리 교회의 성장 발전도 여러분의 몫입니다. 믿음 안에서 거룩한 도전을 해보세요. 훌륭한 신앙인으로 다음 세대 교회와 나라를 이끌고 갈 주역들이 되시기 바랍니다."

젊은이들을 아끼고 사랑하신 황 장로님의 격려가 밀알이 되었다. 그 때 그 자리에 계셨던 분 가운데 버지니아 거광교회 홍장춘 원로목사님, 동교동교회를 시무하시는 음동성 목사님, 순교자기념사업회를 섬기는 이응삼 목사님을 비롯한 여러 목회자들과, 또 무학교회의 김기찬 장로님, 고정화 장로님, 홍성득 장로님 등 많은 분들이 목사로, 장로로, 집사로, 권사로 각계각층에서 열심히 헌신하고 봉사하는 모습과 그로 인해 하나님나라가 세워져가고 있음을 바라볼 때 우리 곁에 있는 젊은이들을 향해 도전을 주고 꿈을 심어 주라고 하시는 고 황 장로님의 소리가 귓가에 들리는 듯하다.

목사가 감동한 그 때 그 장로

●

2007년 7월 25일 1판 1쇄 발행
2019년 4월 25일 1판 7쇄 발행

지은이·고 훈 목사 외 48인
펴낸이·김기찬

펴낸곳 한국문서선교회

등록·1981. 11. 12. NO. 제14-37호
주소·서울시 중구 다산로 42나길 45-6
이메일·mission3496@naver.com
☎ 2253-3496·2253-3497
FAX. 2253-3498
정가 13,000원

●

잘못된 책은 바꾸어 드립니다.
* 판권 본사 소유 *
ISBN 978-89-8356-216-6-03230